FORUM DEUTSCHE LITERATUR 4

T0364200

Christine Hermann

Iphigenie Metamorphosen eines Mythos im 20. Jahrnundert

m press »

Martin Meidenbauer Verlagsbuchhandlung

Die Deutsche Bibliothek verzeichnet diese
Publikation in der Deutschen Nationalbiblio-
grafie; detaillierte bibliografische Daten sind
im Internet über http://dnb.ddb.de abrufbar.

© 2005 Martin Meidenbauer
Verlagsbuchhandlung, München

Coverabbildung: Johann Heinrich Wilhelm
Tischbein, Goethe in der Campagna, 1787.

Printed in Germany

Gedruckt auf
chlorfrei gebleichtem, säurefreiem und
alterungsbeständigem Papier (ISO 9706)

m-press ist ein Imprint der
Martin Meidenbauer Verlagsbuchhandlung

ISBN 3-89975-539-1

Verlagsverzeichnis schickt gern:
Martin Meidenbauer Verlagsbuchhandlung
Erhardtstr. 8
D-80469 München

www.m-verlag.net

Für
meine Eltern
und
meine Schwester Juliane

INHALT

1. Einleitung

Ich hatte wirklich einmal den Wahn, als sei es möglich,
ein deutsches Theater zu bilden. Ja ich hatte den Wahn,
als könne ich selber dazu beitragen und als könne ich
zu einem solchen Bau einige Grundsteine legen. Ich
schrieb meine Iphigenie und meinen Tasso und dachte in
kindischer Hoffnung, so würde es gehen. Allein es regte
sich nicht und rührte sich nicht und blieb alles wie zuvor.[1]

Weimar, 6. April 1779. Mit der Uraufführung von Goethes *Iphigenie auf Tauris* war ein Schauspiel auf die Bühne des Weimarer Liebhabertheaters gekommen, das vor allem in seiner späteren Versbearbeitung (1786) eines der zentralsten Werke der Weimarer Klassik darstellen sollte und bis heute fest im literarischen Kanon verankert ist. Der durch Winckelmann und Herder geprägte Blick Goethes auf die Antike, den griechischen Mythos und die attische Tragödie ist charakteristisch für das dem Geist der Humanität verpflichtete Antikebild der Weimarer Klassik, das bis ins 19., 20. und 21. Jahrhundert ausstrahlt. Prägend für die Nachwelt sind der hohe Stil, die dramatische Form und vor allem die vorbildhafte Figur der Iphigenie, der es allein durch Humanität und Wahrheit gelingt, eine friedliche Lösung des Konflikts herbeizuführen.

Goethes Hang zur Harmonisierung und zur Versöhnung der Gegensätze hat eine Tradition hypertextueller Reaktionen ausgelöst, die teils bewundernd-nachahmend, doch größtenteils parodistisch-distanzierend auf das klassische Werk Bezug nehmen. Noch bevor Heinrich von Kleist mit seiner *Penthesilea* 1808 eine erste ‚Anti-Iphigenie‘ schuf, war Goethe selbst als Kritiker seiner ‚Ikone der Humanität‘ aufgetreten. Aus zeitlicher Distanz schrieb er 1802 in einem Brief an Friedrich Schiller über das eigene Werk, das ihm zum Teil fremd geworden war: *Hierbei kommt die Abschrift des gräzisierenden Schauspiels. Ich bin neugierig, was Sie ihm abgewinnen werden. Ich habe hie und da hineingesehen, es ist ganz verteufelt human.*[2] Gerade das ‚verteufelt Humane‘, das Goethe seiner Iphigenie eingeschrieben hatte und mit dem er sie nahezu zu einer Heiligen stilisiert hatte, reizte

---

[1] Goethe im Gespräch mit Eckermann, Eintrag vom 27. März 1825, in: Johann Wolfgang von Goethe. Werke. Hamburger Ausgabe, hg. von Erich Trunz, München 1998, Bd. 5, S. 409. Im Folgenden wird diese Ausgabe mit der Sigle HA abgekürzt.
[2] Goethe an Schiller, Jena, 19. Januar 1802, in: HA, Bd. 5, S. 408.

Zeitgenossen und Nachwelt zu Widerspruch und Persiflage. Die Reihe der ‚Anti-Iphigenien', die spätestens mit der *Penthesilea* begann[3] und sich im 21. Jahrhundert sicherlich fortsetzen wird, bildet einen zweiten Strang der Transformation des Iphigeniemythos. Diesem sind die Rezeption des griechischen Mythos und der Weimarer Klassik gleichermaßen eingeschrieben. Autoren provozieren, durch den literarischen Kanon provoziert, mit Klassikertransformationen jeglicher Art. Literarische Antworten auf *Iphigenie auf Tauris* sind dafür nur ein Beispiel. Man könnte von einer ‚deutschen Art des polemischen Traditionsverhaltens' sprechen.

Mit Gerhart Hauptmanns *Iphigenie in Delphi* (1941) und *Iphigenie in Aulis* (1944), Rainer Werner Fassbinders *Iphigenie auf Tauris von Johann Wolfgang von Goethe* (1968), Jochen Bergs *Im Taurerland* (1977) und Volker Brauns *Iphigenie in Freiheit* (1992) soll eine Reihe deutschsprachiger Bearbeitungen des Iphigeniemythos untersucht werden, deren entstehungsgeschichtlicher Rahmen vom Ende des Zweiten Weltkriegs bis zur Wiedervereinigung Deutschlands reicht und deren Entstehungsorte die BRD und die DDR gleichermaßen einschließen. Der taurische Iphigeniemythos, der seit der Bearbeitung Goethes ein ‚Wendestück' darstellt, wird in den untersuchten Texten an Wendepunkten deutscher Geschichte der zweiten Hälfte des 20. Jahrhunderts reaktualisiert. Mit der Referenz auf den griechischen bzw. den weimarischen Iphigeniemythos reagieren die Autoren auf zeitgeschichtliche Veränderungen, aktualisieren und politisieren diesen und schreiben ihm zu einem gewissen Grad die Lebenswirklichkeit ihrer eigenen Zeit ein. Politisierungen des antiken Mythos und Klassikerparodierungen in der Gegenwartsliteratur sind an zahllosen Beispielen zu belegen.[4] Die Untersuchung der Iphigenie-Transfor-

---

[3] Vgl. FRICK, WERNER: „Ein echter Vorfechter für die Nachwelt." Kleists agonale Modernität – im Spiegel der Antike, in: Kleist-Jahrbuch 1995, S. 44-96.

[4] Vgl. die Untersuchungen verschiedener Mythostransformationen unter dem Aspekt der Politisierung von CRĂCIUN, IOANA: Die Politisierung des antiken Mythos in der deutschsprachigen Gegenwartsliteratur, Tübingen 2000. – Zur Parodierung von Klassikern vgl.: WENDE, WALDTRAUD: Goethe-Parodien. Zur Wirkungsgeschichte eines Klassikers, Stuttgart 1995. GRAWE, CHRISTIAN (Hg.): „Wer wagt es, Knappersmann oder Ritt?" Schiller-Parodien aus zwei Jahrhunderten, Stuttgart 1990. MÜLLER-SCHWEFE, GERHARD (Hg.): Was haben die aus Shakespeare gemacht! Weitere alte und neue deutschsprachige Shakespeare-Parodien, Tübingen 1993. – Zur Theorie vgl. STAUDER, THOMAS: Die literarische Travestie. Terminologische Systematik und paradigmatische Analyse (Deutschland, England, Frankreich, Italien), Frankfurt am Main 1993. BAUMBACH, GERDA: Seiltänzer und Betrüger? Parodie und kein Ende. Ein Beitrag zu Geschichte und Theorie von Theater, Tübingen u.a. 1995. FREUND, WINFRIED: Die literarische Parodie, Stuttgart 1981. VERWEYEN, THEODOR/WITTIG, GUN-THER: Die Parodie in der neueren deutschen Literatur. Eine systematische Einführung, Darmstadt

mationen bildet eine exemplarische Schnittmenge beider Stränge. Die Beschränkung auf Metamorphosen des Iphigeniemythos im Rahmen der Gattung ‚Theatertexte' im weitesten Sinn soll die Fokussierung auf verschiedene Stufen der Varianz unterstützen.

Im Gegensatz zu Goethes *Iphigenie auf Tauris* sind die Iphigenien Hauptmanns, Fassbinders, Bergs und Brauns heute kaum mehr bekannt, waren es nie und werden es wahrscheinlich nie sein. Offensichtlich haben sie nicht das Potential zu ‚Klassikern' zu werden und sind deshalb repräsentativ für das System ‚Mythos', das sich eher durch Varianz als durch Kanonbildung auszeichnet.

In der Einführung wird zunächst das Verhältnis von Mythos und Geschichte bzw. Erinnerungskultur untersucht. Die Definition und Bedeutung der Prätexte sind hierbei von zentralem Interesse. Daraufhin werden methodische Grundzüge der Intertextualitätstheorie Genettes herausgearbeitet und auf die literarische Transformation von Mythen angewendet.

Die Reaktion der Mythostransformationen auf die aktuelle politische Situation der Entstehungszeit zum einen und auf Goethes Bearbeitung des Iphigeniemythos zum anderen stellt das zentrale Untersuchungsfeld der Studie dar. In fünf Einzelanalysen werden im Hauptteil zunächst motivgeschichtliche Veränderungen am Bild der Iphigenie als Ikone der Humanität und Abweichungen von der vornehmlich durch die Prätexte von Euripides und Goethe vorgegebenen Struktur des Mythos untersucht. In einem zweiten Schritt wird aus der Makroperspektive nach möglichen Funktionen der Mythos- und Klassikertransformation gefragt. Dabei wird der intertextuelle Dialog mit Goethe in seiner möglichen Funktion untersucht und, eng damit verbunden, die diesen prägenden Faktoren der Zeitgeschichte. Über die Referenz auf denselben mythologischen Stoff hinausgehend verbindet der Aspekt der Politisierung die hier untersuchten Transformationen.

1979. BÖHN, ANDREAS (Hg.): Formzitate, Gattungsparodien, ironische Formverwendung. Gattungsformen jenseits von Gattungsgrenzen, St. Ingbert 1999. MÜLLER, BEATE: Komische Intertextualität. Die literarische Parodie, Trier 1994.

2. Vorbemerkungen

Mythen sind nach Blumenberg „Geschichten von hochgradiger Beständigkeit ihres narrativen Kerns und ebenso ausgeprägter marginaler Variationsfähigkeit."[5] In der vorliegenden Arbeit wird Mythos als Äquivalent eines literarischen Stoffes verstanden, dessen Wurzeln in Götter- und Heldengeschichten der griechischen Antike liegen, der aber kontinuierlich neu bearbeitet wird. Daher ist es problematisch, im Singular von ,dem originalen Mythos' zu sprechen.

Für die Literarisierung mythologischer Stoffe in ihrer Bezugnahme auf Vergangenheit und Gegenwart sind produktions- und rezeptionsästhetische Gesichtspunkte von besonderem Interesse. Die Rezipienten begegnen Mythentransformationen mit einer bestimmten kulturell geprägten Erwartungshaltung, da die inhaltliche Grobstruktur der einzelnen Mythen Teil des ,kulturellen Gedächtnisses'[6] ist. Reiz und Funktion der Transformationen liegen in der Demonstration der Differenz zwischen Urbild und Nachbild.[7] So stellen sie für Produzenten und Rezipienten intellektuelle Herausforderungen dar. Während des Rezeptionsaktes ist dem Leser der permanente Vergleich des Gelesenen mit seinem kulturellen und individuellen Wissen über den Mythos abverlangt, um damit Leerstellen zu füllen oder Brüche wahrzunehmen, und so zum Mitschöpfer der einzelnen Mythostransformation zu werden. Der Reiz der Mythentransformationen liegt in der „Balance zwischen internem Beziehungsreichtum und Deutungsoffenheit, thematischer Prägnanz und hermeneutischer Anpassungsfähigkeit an je neue Rezeptionskontexte."[8] Im folgenden Kapitel wird der Mythos als literarischer Stoff in seiner zeitlichen Situierung zwischen Vergangenheit und Gegenwart und in seinen Transformationen zwischen Tradition und Variation untersucht.

---

[5] BLUMENBERG, HANS: Arbeit am Mythos, Frankfurt am Main 1979, S. 40.
[6] Vgl. ASSMANN, JAN: Das kulturelle Gedächtnis. Schrift, Erinnerung und politische Identität in frühen Hochkulturen, München 1992.
[7] Vgl. JENS, WALTER: Antigone und Elektra. Aufstand gegen das ,verteufelt Humane', in: Mythen der Dichter. Modelle und Variationen, München 1993, S. 47.
[8] FRICK, WERNER: ,Die mythische Methode'. Komparatistische Studien zur Transformation der griechischen Tragödie im Drama der klassischen Moderne, Tübingen 1998, S. 7.

2.1. Mythentransformationen im Spannungsfeld von Gegenwart und Vergangenheit

2.1.1. Mythos und Geschichte

> „Mythos ist der (vorzugsweise narrative) Bezug auf die Vergangenheit,
> der von dort Licht auf die Gegenwart und Zukunft fallen läßt."[9]

Die Faszination, die mythologische Stoffe auf Produzenten und Rezipienten ausüben, liegt in ihrer paradoxen Situierung zwischen einer außerhistorischen Vergangenheit und einem sich stets aktualisierenden Gegenwartsbezug. Von der Gegenwart aus betrachtet erscheint der in der Vergangenheit liegende und somit verfremdende Mythos als Projektionsfläche für politische, gesellschaftliche und soziale Probleme. Flashar fasst die für spätere Transformationsprozesse zentrale Grundthematik bedeutender mythologischer Prätexte der griechischen Antike als „Probleme und Situationen, die uns heute bedrängen, und die wir in ihrer beängstigenden Aktualität mit dem Schauder der rituellen Formstrenge aus dem griechischen Drama erfahren"[10] zusammen: *Die Troerinnen* thematisieren die Zerstörung von Städten im Krieg, *Antigone* den zivilen Ungehorsam gegen die staatliche Obrigkeit, *Prometheus* das Problem von Wissen und Macht, die *Orestie* die Etablierung einer demokratischen Rechtsordnung, *Medea* die Verzweiflung der verlassenen Frau und *Alkestis* die gesellschaftliche Tabuisierung des Todes.[11]
Jan Assmann unterscheidet zwei Hauptfunktionen des Mythos in ihrem Verhältnis zu Gegenwart und Geschichte, die die Konstruktion von entgegengesetzten Positionen her beleuchten. Die erste Funktion, die „fundierende", „stellt Gegenwärtiges in das Licht einer Geschichte", während die zweite Funktion, die „kontrapräsentische", von Defizienz-Erfahrungen der Gegenwart ausgehend, Erinnerungen an eine Vergangenheit beschwört.[12] Für die weiteren Überlegungen dieser Arbeit interessiert vor allem die „kontrapräsentische" Funktion, die nach

---

[9] ASSMANN, Das kulturelle Gedächtnis, S. 78.
[10] FLASHAR, HELLMUT: Die Antike in Theater und Musiktheater der Gegenwart, in: Die Antike in der europäischen Gegenwart, hg. von Walther Ludwig, Göttingen 1993, S. 129.
[11] Vgl. FLASHAR, Die Antike im Theater, S. 129.
[12] ASSMANN, Das kulturelle Gedächtnis, S. 79.

Assmann in extremen Defizienz-Erfahrungen revolutionäres Potential entfalten kann.

> „Dann nämlich bestätigen die Überlieferungen das Gegebene nicht, sondern stellen es in Frage und rufen zu seiner Veränderung und zum Umsturz auf. Die Vergangenheit, auf die sie sich beziehen, erscheint nicht als ein unwiederbringliches heroisches Zeitalter, sondern als eine politische und soziale Utopie, auf die es hinzuleben und hinzuarbeiten gilt."[13]

Neben Assmanns positiv konnotierter „kontrapräsentischer Funktion" muss es eine negativ konnotierte geben, die aufgrund der Defizienz-Erfahrungen der Gegenwart Utopien der Vergangenheit negiert und so ein düsteres Bild von Gegenwart, Tradition und Zukunft liefert. Im freien außerzeitlichen Kontext, der jederzeit Bezüge zur Gegenwart ermöglicht, liegt das Potential des Mythos für Zivilisations- und Gesellschaftskritik.

Mythos hat die Funktion, Ursprünge zu erklären, Identität zu stiften und Instrumente zur Wirklichkeitsbewältigung zu liefern. Bei der Indienstnahme des Mythos zur Erklärung von Ursprüngen ist die enge Verknüpfung einer uralten, ahistorischen Zeit mit der Gegenwart erkennbar. In der *Orestie* des Aischylos zum Beispiel wird die Entstehungsgeschichte der demokratischen Rechtssprechung mit dem Mythos des Orest erklärt. Weiter leiteten sich in der römischen Kaiserzeit und im europäischen Mittelalter Herrschergeschlechter, Adelshäuser und Städte durch aufwendige mythologische Konstruktionen von Helden historio-mythologischer Welten (vornehmlich aus Troja) ab und schaffen durch Mythosreferenz Legitimation.[14] Noch bei den Nationsgründungen des 19. Jahrhunderts spielte die Einrichtung nationaler Mythen zur Stiftung von Identität eine große Rolle.[15] Dabei gewann

---

[13] ASSMANN, Das kulturelle Gedächtnis, S. 80.

[14] Zu Beginn der römischen Kaiserzeit schuf Vergil mit der *Aeneis* ein Gründungsdokument des römischen Reichs, indem er die Gründung Roms durch den Trojaner Aeneas beschrieb. – Ein für das Mittelalter repräsentatives Beispiel ist die Staufergenealogie Gottfrieds von Viterbo, mit der er die Staufer über die Trojaner von Noah her ableitet. In einer beeindruckenden Studie untersucht die Mediävistin Beate Kellner Genealogien und deren mythologische Wurzeln in der Literatur des Mittelalters. KELLNER, BEATE: Ursprung und Kontinuität. Studien zum genealogischen Wissen im Mittelalter, München 2004. HECK, KILIAN/JAHN, BERNHARD (Hg.): Genealogie als Denkform in Mittelalter und Früher Neuzeit, Tübingen 2000.

[15] Vgl. KNABEL, KLAUDIA/RIEGER, DIETMAR/WODOANKA, STEPHANIE: Nationale Mythen – kollektive Symbole. Funktionen, Konstruktionen und Medien der Erinnerung, Göttingen 2005. [FMAG /2005 A 25082]
MORKE, MONIKA (Hg.): Europas Identitäten. Mythen, Konflikte, Konstruktionen, Frankfurt am Main 2003.

die Mythisierung historischer Figuren zunehmend an Gewicht und entwickelte sich zu einem modernen Pendant der mythologischen Antikenrezeption.[16] Mit dem Blick auf die Mythisierung von Erinnerungsfixpunkten relativiert Assmann die Differenz von Mythos und Geschichte, indem er feststellt, dass „im kulturellen Gedächtnis faktische Geschichte erinnert und damit in Mythos transformiert wird."[17] Mythisierte historische Figuren unterscheiden sich von rein mythologischen Figuren dadurch, dass sie erst sekundär literarisch, über nichtliterarische Zeugnisse historisch dokumentierbar sind.

2.1.2. Mythos und ‚kulturelles Gedächtnis'

> „Mythos ist eine Geschichte, die man sich erzählt,
> um sich über sich selbst und die Welt zu orientieren,
> eine Wahrheit höherer Ordnung, die nicht einfach nur stimmt,
> sondern darüber hinaus auch noch normative Ansprüche stellt
> und formative Kraft besitzt."[18]

Im kulturellen Gedächtnis wird anhand von Erinnerungsfiguren aufbewahrt, was der kulturellen, politischen, ethischen oder religiösen Gemeinschaft wichtig für ihre Identität und für ihr Selbstverständnis ist.[19] Die Grundbedingung des kulturellen Gedächtnisses ist kontinuierliche Erinnerung, die anders als beim ‚kommunikativen Gedächt-

---

SPETH, RUDOLF: Nation und Revolution. Politische Mythen im 19. Jahrhundert, Opladen 2000.
FLACKE, MONIKA (Hg.): Mythen der Nationen. Ein europäisches Panorama. Begleitband zur Ausstellung des Deutschen Historischen Museums vom 20. März 1998 bis 9. Juni 1998, München 1998.
[16] Für die Mythisierung einer historischen Figur im Zusammenhang mit der Gründung der deutschen Nation ist Hermann der Cherusker ein repräsentatives Beispiel. In seinem siegreichen Kampf gegen die römischen Invasoren wurde er im 19. Jahrhundert verstärkt zum Vorreiter der nationalen Einheit und zum Retter der deutschen Kulturnation stilisiert. Ausdruck findet dieser Trend in der Denkmalspolitik (vgl. Hermannsdenkmal bei Detmold von Ernst von Bandel, 1875) und Literatur (vgl. Friedrich Gottlieb Klopstock, *Hermanns Schlacht,* 1769; Heinrich von Kleist, *Die Hermannsschlacht,* 1808; Christian Dietrich Grabbe, *Die Hermannsschlacht,* 1835). Vgl. dazu ESSEN, GESA VON: Hermannsschlachten. Germanen- und Römerbilder in der Literatur des 18. und 19. Jahrhunderts, Göttingen 1998.
[17] ASSMANN, Das kulturelle Gedächtnis, S. 52.
[18] ASSMANN, Das kulturelle Gedächtnis, S. 76.
[19] Vgl. ASSMANN, Das kulturelle Gedächtnis, S. 76. – In dem dreibändigen Werk „Deutsche Erinnerungsorte" sind wesentliche Figuren und Stationen des kulturellen Gedächtnisses der deutschen Nation zusammengestellt: FRANÇOIS, ETIENNE/SCHULZE, HAGEN (Hg.): Deutsche Erinnerungsorte, 3 Bde., München 2001. Etwas anders gewichtet ist das französische Vorgängermodell von NORA, PIERRE (Hg.): Les lieux de mémoire, 3 Bde., Paris 1997.

nis', institutionell gesteuert wird.[20] Der Transfer kann über verschiedene Kanäle wie Rituale, Architektur, Bilder, Musik oder Erzählungen erfolgen. Eine die Literatur betreffende Form der institutionellen Steuerung der Erinnerung ist die Bildung eines literarischen Kanons. Das kulturelle Gedächtnis ist zwar wesentlich stabiler als das kommunikative „Generationen-Gedächtnis"[21], unterliegt aber dennoch dem Wandel, da die Wahrnehmung der Vergangenheit eng mit der Gegenwart vernetzt ist.

An einer Figur des kulturellen Gedächtnisses, dem griechischen Mythos und seinen literarischen Transformationen, wird die aus der Konfrontation von Gegenwart und Vergangenheit entstehende Spannung von Tradition und Variation besonders deutlich. Die Dauerstruktur verdankt der griechische Mythos zum einen seinem Wesen als Referenzraum von Kultur, in dem die Grundkonflikte menschlicher Existenz formelhaft angelegt sind[22], zum anderen der im 18. Jahrhundert erfolgten Kanonisierung antiker Tragiker in unmittelbarem Zusammenhang mit der Entwicklung der modernen europäischen Literatur.

> „Die Genealogie ist eine Form, den Sprung zwischen Gegenwart und Ursprungszeit zu überbrücken und eine gegenwärtige Ordnung, einen gegenwärtigen Anspruch, zu legitimieren, indem er nahtlos und bruchlos an Ursprüngliches angeschlossen wird."[23]

Eine Ausformulierung dieses Phänomens ist der direkte Anschluss der Weimarer Klassik an die griechische Antike mit dem Anspruch, diese aus der eigenen geistigen Kultur heraus besonders gut verstehen zu können und um-gekehrt, der eigenen Welt im Rückgriff auf die Antike größere Plastizität zu verleihen.

---

[20] ASSMANN, Das kulturelle Gedächtnis, S. 54f. – Den Begriff des ‚kommunikativen Gedächtnisses' entwickelte Assmann von Maurice Halbwachs ‚kollektivem Gedächtnis' her, vgl. in: DERS., Das kulturelle Gedächtnis, S. 34-66.
[21] ASSMANN, Das kulturelle Gedächtnis, S. 50.
[22] Claude Levi-Strauss hat mit der Reduktion des Mythos auf einzelne Mytheme, die er in partiturähnlicher Konstruktion zusammenstellt, eine kulturübergreifende Verwandtschaft mythischer Traditionen aufgezeigt. Vgl. LEVI-STRAUSS, CLAUDE: Strukturale Anthropologie, Frankfurt am Main 1971, S. 226-254.
[23] ASSMANN, Das kulturelle Gedächtnis, S. 50.

2.2. Mythentransformationen im Spannungsfeld von Tradition und Variation

2.2.1. Mythentransformation als genealogisches Modell

> „Es gibt keine ‚wahre' Fassung, im Verhältnis zu der
> alle anderen Kopien oder deformierte Echos wären.
> Alle Fassungen gehören zum Mythos."[24]

Das Wesen des Konstrukts ‚Mythos' als „System von aufeinander bezogenen poetischen Texten"[25] ist mit der Genealogie vergleichbar und soll nun als solche dargestellt werden. Im Folgenden werden die literarischen Neugestaltungen des Mythos nicht als ‚Adaptationen', sondern als ‚Transformationen' bezeichnet, um sie in ihrer relativen Vollwertigkeit und Eigenheit geltend zu machen, die die einzelnen Texte trotz enger Verweisstrukturen besitzen.[26]

Der Mythos ist ein System, das so lange in Bewegung bleibt, wie Autoren durch produktive Rezeption neue Transformationen liefern. Das ‚System Mythos' ist ein kollektives Produkt, dem als Grundeigenschaft ständiger Wandel eingeschrieben ist. Mit jeder neuen Transformation werden „die Relationen zwischen den Komponenten des Systems neu bestimmt."[27]

Als ‚Perpetuum mobile' dehnt sich das Gesamtsystem von einer historisch nicht fixierbaren Vergangenheit, in der der ‚Ur-Mythos' angesiedelt ist, über verschiedene Stufen neuer Transformationen in die Zukunft aus. „Der Text ist Moment einer Bewegung, die über ihn hinausdrängt, und damit zugleich Moment einer sich ständig wandelnden Konfiguration."[28]

Wie Familiengenealogien lässt sich die ‚Mythengenealogie' über ein mäanderndes Netz von Verwandtschaftsbeziehungen und Abhängigkeiten, sich zunehmend verengend, auf einen relativen Ursprung zurück führen. Der relative Ursprung ist der letzte, durch Textzeugnisse literaturhistorisch fixierbare Punkt, von dem aus sich ein verschwommenes und nicht mehr greifbares weiteres genealogisches Netz mündlicher Tradierung und religiöser Kulte weiter in die Vergangenheit

---

[24] LEVI-STRAUSS, Strukturale Anthropologie, S. 241.
[25] CRĂCIUN, Die Politisierung des antiken Mythos, S. 7.
[26] Vgl. FRICK, Die mythische Methode, S. 33.
[27] CRĂCIUN, Die Politisierung des antiken Mythos, S. 6.
[28] STIERLE, KARL-HEINZ/WARNING, RAINER (Hg.): Das Gespräch, München 1984, S. 139.

hinein ausbreitet. Dieser ist, im kollektiven Bewusstsein verankert, die wichtigste Wurzel der Mythenrezeption und -transformation. Betrachten wir die Genealogie einzelner Mythen im chronologischen Gesamtbild von der Antike bis zur Gegenwart, so fallen Besonderheiten auf, die Fragen aufwerfen. Im synchronen Schnitt verbreitert sich zu bestimmten Zeiten der genealogische Baum – ein dichtes Spektrum verschiedener Transformationen wächst in die Breite – während er zu einem anderen Zeitpunkt nahezu blattlos erscheint.[29] Diese Phänomene des ‚Frühlings' und ‚Herbstes' der Mythen-transformationen weisen auf einen engen Zusammenhang zwischen Zeitgeschichte und der Produktion mythologischer Texte hin.

Betrachten wir die Vernetzung innerhalb der Mythengenealogie, stellen wir fest, dass es Versionen gibt, mit denen nahezu alle später entstandenen durch intertextuelle Bezugnahme eng verwandt sind. Texte, von denen derart viele Äste von Verwandtschaftsbeziehungen ausgehen, nennen wir Prätexte. Fast immer sind dies die am relativen Ursprung angesiedelten antiken Tragödien, denen aufgrund ihres Alters legitimatorisches Gewicht zufällt. Oft kommen einige wenige weitere, als besonders bedeutsam eingestufte Texte hinzu. Diese können ein derartiges Bedeutungsgewicht erreichen, dass sie unter Umständen gegenüber den antiken Prätexten eine dominierende Stellung einnehmen. Solche Texte stellen eine, durch rezeptionsgeschichtliche Phänomene entstandene Sonderform der Mythentransformation dar. Im Fall der Iphigenie sind als moderne Prätexte in erster Linie Goethes *Iphigenie auf Tauris,* aber auch Jean Racines *Iphigenie in Aulis* (1674) zu erwähnen.

Prätexte können auf formaler und inhaltlicher Ebene Modellcharakter besitzen. Die Zeiten überdauernde Wirkung kann durch die von Aristoteles vorgeschlagene Trennung von Mythos und Geschichte unterstützt werden.[30] Die Leistung modellhafter Transformationen liegt meist in der „Flexibilität und Deutungsoffenheit ihres mythologischen Substrats" und in der „Situierung des tragischen Spiels in *illo tempore.*"[31] Zeitunabhängigkeit und Symbolhaftigkeit verleihen ihnen eine dauerhafte Grundstruktur. Inhaltlich besitzen sie Modellcharakter, in-

---

[29] Eine ausführliche, systematische und graphische Darstellung dieses Phänomens unter komparatistischem Blickwinkel wird zur Zeit von mir erarbeitet.

[30] *[D]ie Dichtung teilt mehr das Allgemeine, die Geschichtsschreibung hingegen das Besondere mit.* (ARISTOTELES: Die Poetik, übers. von Manfred Fuhrmann, Stuttgart 1997, S. 29.)

[31] FRICK, Die mythische Methode, S. 7.

dem sie, im Zeichen einer mythologischen Konstellation gebündelt, Grundfragen menschlicher Existenz wie Krieg, Fremdheit und Tabubruch oder menschliche Grunddispositionen wie Liebe, Hass und Machtgier thematisieren und so als Allegorien von Wirklichkeitserfahrung ständig aktuell bleiben. Trilse beschreibt die Aktualität zentraler griechischer Mythen im 20. Jahrhundert wie folgt:

> „Antigone und die Atombombe, Ikarus und die Raumfahrt, Prometheus und die gesteuerte thermonukleare Reaktion [...]. Man könnte so weit gehen und sagen, alle Großtaten der Menschheit, auch die negativen – sind bereits vorgebildet [...]."[32]

Im Gegensatz zu den ‚immergrünen' Prätexten sind die von Trilse beschriebenen Mythentransformationen höchstens so lange aktuell, wie ihr zeit-geschichtlicher Bezugspunkt von allgemeinem Interesse ist. In unserer Mythengenealogie sind solche Texte zwar mit den Prätexten vernetzt, vernetzen sich aber selbst nicht unbedingt weiter. Dieses Schicksal ist den vordergründig auf Originalität verzichtenden ‚Mythentransformationen' eingeschrieben und verbindet sie mit den meisten griechischen Tragödien, die für eine Aufführung geschrieben und sogleich wieder vergessen wurden. Besitzt ein Werk einen zu geringen Originalitätswert, wird es nicht erinnert, verdankt es seinen Originalitätswert einer zu starken zeitgeschichtlichen Bezugnahme, verliert es für die Nachwelt an Relevanz.

Festzuhalten bleibt, dass eine Mythentransformation nie allein steht, sondern immer mit der gesamten Genealogie vernetzt ist, andere Werke bespiegelt und selbst bespiegelt wird.

2.2.2. Agonalität als Prinzip

Die Tragödie[33] war in der Antike eng mit dem Prinzip der Agonalität verbun-den. Tragödien wurden seit dem 5. Jh. v. Chr. bei Dionysos-

---

[32] TRILSE, CHRISTOPH: Antike und Theater heute. Betrachtungen über Mythologie und Realismus, Tradition und Gegenwart, Funktion und Methode, Stücke und Inszenierungen, Berlin-Ost 1975, S. 51.
[33] ARISTOTELES definiert in seiner *Poetik* den Mythos als stoffliche Grundlage der Tragödie: „Das Fundament und gewissermaßen die Seele der Tragödie ist [...] der Mythos." (ARISTOTELES, Poetik, S. 23.) Eine Ausnahme stellen die *Perser* (472 v. Chr.) des Aischylos dar, denen mit der Schlacht bei

festen aufgeführt. Das agonale Prinzip, das heißt also die Zielsetzung, Siege zu erringen, entsprach dem von Sportveranstaltungen.[34] Tragödien wurden für eine einmalige Inszenierung bei Dichterwettstreiten geschrieben, waren also ursprünglich nicht für die im 4. Jahrhundert vor Christi einsetzende Kanonisierung einzelner Texte konzipiert.[35] Bei dieser Form der Produktion literarischer Texte lag das Interesse nicht auf Originalität, sondern auf „der immer neuen Variation, Perspektivierung, Umdeutung eines bekannten Materials in Konkurrenz mit früheren Versionen desselben Themas."[36] Da Varianz ein Wesensmerkmal des literarischen Mythos darstellt, ist es unmöglich, von ‚dem' originalen Mythos zu sprechen.

Überlieferungsgeschichtlich stellt die Figur der Iphigenie in der altgriechischen Literatur einen glücklichen Sonderfall dar, da von allen drei ‚großen' attischen Tragikern[37] Bearbeitungen des Atridenmythos überliefert sind: Aischylos' *Orestie*, Sophokles' *Elektra* und Euripides' *Iphigenie in Aulis, Elektra, Orestes und Iphigenie bei den Tauern*. Im Vergleich der Tragödien lassen sich das Prinzip der Agonalität sowie der Umgang mit Tradition und Variation gut beobachten.[38] Im 18. Jahrhundert erfolgte unter Einfluss von Winckelmann und Herder in der deutschen und europäischen Antikenrezeption der Moderne eine Verschiebung des Blickwinkels von Rom nach Griechenland.[39] Autoren wie Wieland, Goethe und Schiller bemühten sich um

---

Salamis (480 v. Chr.) ein historisches Ereignis zugrunde liegt, das die Unabhängigkeit Griechenlands sicherte.

[34] Eine gute Einführung in die Organisation der tragischen Agone in Athen liefert SEECK, GUSTAV ADOLF: Die griechische Tragödie, Stuttgart 2000, S. 58-66. – Das demokratische Verfahren, nach dem die Siege der Tragiker ermittelt wurden beschreibt FLASHAR, HELLMUT: Inszenierung der Antike. Das griechische Drama auf der Bühne der Neuzeit 1585-1990, München 1991, S. 11-26, bes. 16f.

[35] SEECK (Die griechische Tragödie, S. 53f.) weist auf die kanonisierte Rezeption der drei großen attischen Tragiker seit 386 v. Chr. hin und dokumentiert mit einem Zitat des Tragikers Astydamas die Schwierigkeiten der ‚Epigonen', in den Agonen mit den Alten mithalten zu können: *Wäre ich doch zu ihrer Zeit geboren und sie zu meiner, / damit ich objektiv beurteilt würde, jetzt aber stehen sie /außerhalb jeder Kritik.* (Musa tragica, Nr. 60.)

[36] FRICK, Kleists agonale Modernität, S. 54.

[37] Die Bezeichnung ‚die drei großen attischen Tragiker' mag zu einem gewissen Grad irreführend sein und auf überlieferungsgeschichtlichen Phänomenen beruhen. Vermutlich gab es andere Tragödiendichter, deren uns nicht überliefertes Werk sich an Umfang und Qualität mit Aischylos, Sophokles und Euripides messen konnte. Die Kanonisierung verdankt das ‚Dreigestirn' unter anderem der *Poetik* des Aristoteles und den Komödien des Aristophanes.

[38] Vgl. ARETZ, SUSANNE: Die Opferung der Iphigeneia in Aulis. Die Rezeption des Mythos in antiken und modernen Dramen, Stuttgart/Leipzig 1999.

[39] MILLER, NORBERT: Winckelmann und der Griechenstreit. Überlegungen zur Historisierung der Antiken-Anschauung im 18. Jahrhundert, in: Johann Joachim Winckelmann 1717-1768, hg. von Thomas W. Gaehtgens, Hamburg 1986, S. 239-264.

die Erfassung des griechischen Geistes und die Übertragung des griechischen Stilideals auf die deutsche Sprache.[40] Ziel war es, das ‚griechische Erbe' für die deutsche Kultur fruchtbar zu machen. Noch bevor die ersten Übersetzungen griechischer Werke ins Deutsche vorlagen, begannen Dichter mit Nachahmungen und Transformationen, Kämpfe um das ‚richtige', ‚angemessene' Verständnis der als vorbildhaft begriffenen griechischen Antike auszufechten. Auf Wielands empfindsames Singspiel *Alceste* (1772) zum Beispiel reagierte der junge Goethe mit seiner Farce *Götter, Helden und Wieland,* in der er Wielands Bild der griechischen Antike scharf angreift und ihn in der Unterwelt mit Euripides, Göttern und Helden konfrontiert, die sich alle durch sein Werk schwer misshandelt fühlen und ihn ihrerseits erniedrigen.

> ALCESTE: *Ei, da ist der Wieland.*
> HERKULES: *Ei wo?*
> ADMET: *Da steht er.*
> HERKULES: *Der! Nun, der ist klein genug. Hab ich mir ihn doch so vorgestellt. Seid ihr der Mann, der den Herkules immer im Munde führt?*
> WIELAND: *Ich hab mit Euch nichts zu schaffen, Koloß.*
> HERKULES: *Bin ich dir als Zwerg erschienen?*
> WIELAND: *Als wohlgestalter Mann, mittlerer Größe tritt mein Herkules auf.*
> HERKULES: *Mittlerer Größe! Ich!*[41]

Die Parodierung einzelner Texte oder gesamter Werke ist keine Erfindung Goethes, sondern findet mit den *Fröschen* Aristophanes bereits zu Zeiten der attischen Tragiker ein prominentes Vorbild.[42] Durch das Prinzip der Wiederholung[43] mit agonalem Impetus, teilweise bis zur Parodie führend, entsteht – und dies gilt für Mythentransformationen bis heute – eine zum Teil enorme Spannung zwischen Tradition und

---

[40] Vgl. UHLIG, LUDWIG (Hg.): Griechenland als Ideal. Winckelmann und seine Rezeption in Deutschland, Tübingen 1988.
[41] GOETHE: Götter, Helden und Wieland, in: HA, Bd. 4, S. 212.
[42] ARISTOPHANES: Die Frösche, übers. von Heinz Heubner, Stuttgart 1999.
[43] Vgl. FUHRMANN, MANFRED: Mythos als Wiederholung in der griechischen Tragödie und im Drama des 20. Jahrhunderts, in: Terror und Spiel. Probleme der Mythenrezeption, hg. von Manfred Fuhrmann, München 1971, S. 121-143.

Innovation, von „Anknüpfung und Abweichung, Wiederholung und Widerspruch, von *imitatio, variatio* und *aemulatio.*"[44] In den hier untersuchten Beispielen trifft das Prinzip der Agonalität mit Einschränkungen noch auf Gerhart Hauptmanns Atriden-Tetralogie zu, weicht bei ihm aber bereits einem Diskurs antiklassischer Revision, der sich in Jochen Bergs, vor allem aber in Rainer Werner Fassbinders und Volker Brauns Mythostransformationen verfestigt. Fassbinder, Berg und Braun spielen mit der Varianz, übertragen den mythologisch-klassischen Text auf ihre eigene Gegenwart und polemisieren gegen Goethe, ohne den Anspruch, sich mit ihm messen zu wollen.

2.2.3. Intertextualität und Transformation

> *In einer guten Tradition kann man nicht*
> *einfach fortfahren wie in einem Zug, da muß*
> *man neue Gleise bauen, und zwar nach den*
> *Forderungen des gegenwärtigen Geländes.*[45]

Bei der Untersuchung mythentransformierender Spiele in nachahmender oder revisionistischer Manier kommt in methodischer Hinsicht der Intertextualität eine zentrale Bedeutung zu. Die ‚Arbeit am Mythos'[46] steht nie allein, sondern ihr ist, im ständigen Dialog mit literarischen Prätexten, mythostheoretischen Diskursen und neueren Transformationen, eine ‚Arbeit an der Differenz'[47] eingeschrieben. In der aktuellen Intertextualitätsdebatte lassen sich zwei Haupt-richtungen ausmachen, die Lachmann als ‚textontologisch' und ‚textdeskriptiv' bezeichnet.[48] Der textontologische Intertextualitätsbegriff ist insbesondere für den Poststrukturalismus von Bedeutung und ist durch die „Dezentrierung des Subjekts", die „Entgrenzung und Universalisierung des Textbe-

---

[44] FRICK, Kleists agonale Modernität, S. 55.

[45] BRAUN, VOLKER: Unbeabsichtigte Nebensätze zum Hauptreferat, in: Ders.: Es genügt nicht die einfache Wahrheit. Notate, Frankfurt am Main 1975, S. 109.

[46] BLUMENBERG, HANS: Arbeit am Mythos, Frankfurt am Main 1979.

[47] Frick nach Heiner Müller, vgl. FRICK, Die mythische Methode, S. 21. – MÜLLER, HEINER: Shakespeare eine Differenz, in: ders.: Shakespeare Factory 2, Berlin 1989, S. 227-230.

[48] FRICK, Die mythische Methode, S. 29. – LACHMANN, RENATE (Hg.): Dialogizität, München 1982, bes. S. 8. Einen Überblick über die Intertextualitätsdebatte der 80er Jahre bietet PFISTER, MANFRED/BROICH, ULRICH (Hg.): Intertextualität. Formen, Funktionen, anglistische Fallstudien, Tübingen 1985.

griffs [...] zugunsten eines freien Spiels der Signifikaten"[49] gekennzeichnet. So geht der weite, textontologische Intertextualitätsbegriff
von einem *texte générale* aus und findet als „Echokammer der Weltliteratur" seine Leitmetapher.[50] Bezüglich dieses Intertextualitätsbe-
griffs schließe ich mich der Kritik Fricks an, der schreibt:

> „Wo ‚*kein* Text mehr *nicht* intertextuell' ist, büßt das so gefaßte Intertex-
> tualitätstheorem seine Spezifität ein und wird als Differenzierungskriteri-
> um der literaturwissenschaftlichen Analyse letztlich unbrauchbar."[51]

Brauchbar könnte dieser Zugang allerdings im Umgang mit Volker
Brauns *Iphigenie in Freiheit* sein, in der der Autor mittels Zitatmontage mit der literaturtheoretischen Idee eines *texte générale* zu spielen
scheint.
Die methodische Grundlage der vorliegenden Arbeit ist der um interkontextuelle Fragestellungen erweiterte, textdeskriptive Intertextualitätsbegriff, wie er vor allem von Gérard Genette geprägt wurde. Ihm
zufolge stellt der intendierte Umgang mit bereits formuliertem Wortmaterial ein Verfahren der Sinnkonstitution literarischer Texte dar.
Dieses Verfahren der Produktion – und folglich auch der Rezeption –
literarischer Texte ist durch die Bezugnahme eines neuen Texts auf
einen älteren Text geprägt, der die Grundbedingung seiner Entstehung
darstellt. Genette bezeichnet diese beiden Texttypen als „Hypertext"
und „Hypotext". Der Hypotext ist bei Genette der Basistext, von dem
aus hypertextuelle Transformationen markiert oder unmarkiert abge-
leitet werden.[52] Das Verhältnis von Hypotext und Hypertext wird nirgendwo so deutlich wie im Bereich der Mythentransformation: Der
Hypotext entspricht dem Prätext unserer Mythengenealogie. Ohne den
Hypotext würden die Hypertexte nicht existieren, ebenso wenig moderne Mythentransformationen ohne antike und klassische Vorlagen.
Die strukturelle Verflechtung von Hypotext und Hypertext stellt die
Intertextualität dar. Im Bild der Mythengenealogie bildet die Intertextualität neben der Paratextualität[53] die Äste, die die einzelnen Blätter

---

[49] FRICK, Die mythische Methode, S. 29.
[50] Die Metapher der Echokammer geht in diesem Fall auf Roland Barthes *chambre d' echo* zurück.
Vgl. FRICK, Die mythische Methode, S. 29f.
[51] FRICK, Die mythische Methode, S. 30.
[52] GENETTE, Palimpseste, S. 14ff.
[53] Vgl. GENETTE, Palimpseste, S. 11.

miteinander verflechten und aufeinander beziehen.[54] Intertextualität ist die „effektive Präsenz eines Textes in einem andern Text.“[55] Als Beispiele hierfür nennt Genette Zitat, Plagiat und Anspielung.[56] In der Analyse geht es um die Untersuchung dieser Bezugnahmen, „um die Erhellung des Wechselspiels und der – bewußten, intendierten und markierten! – strukturellen ebenso wie semantischen Relation zwischen *je bestimmten* Texten, Textgruppen oder Gattungen.“[57] Mit Werner Frick scheint mir die Erweiterung der textdeskriptiven Intertextualitätstheorie Genettes um kontextanalytische Fragestellungen sinnvoll,[58] da die Funktion der Transformation häufig darin liegt, auf Kontexte der Entstehungszeit anzuspielen. So sind die einzelnen Rezeptionsphasen in ihrem Verlauf und in ihrer Dynamik, wie sie in der Mythengenealogie sichtbar wurden, möglicherweise durch äußere, politische und zeitgeschichtliche Kontexte erklärbar.

2.2.4. Prätexte auf Iphigenies Weg ins 20. Jahrhundert

Die wichtigsten Prätexte auf Iphigenies Weg ins 20. Jahrhundert sind Euripides' *Iphigenie in Aulis* und *Iphigenie bei den Taurern* und Goethes *Iphigenie auf Tauris*. Racines *Iphigenie in Aulis* verblasste in seiner Wirkung im 19. Jahr-hundert und kann für Transformationen des 20. Jahrhunderts im Allgemeinen nicht mehr als zentraler Prätext gelten. Euripides ergänzte gegenüber Aischylos, bei dem lediglich auf die Opferung Iphigenies zurückverwiesen wird, die Rettung Iphigenies durch Artemis und führte so den Handlungsstrang auf Tauris erst ein. Thoas erscheint als Barbar. Die auf List und Lüge basierende Flucht der Griechen wird durch ungünstige Winde vereitelt, und es bedarf des Eingreifens der Göttin Athene, die als dea-ex-machina die Lösung herbeiführt. In den meisten europäischen Transformationen des 17. und 18. Jahrhunderts, von Racine über François-Joseph de La Grange Chancel, John Dennis bis Christoph Friedrich von Derschau, wurden

---

[54] Vgl. auch ‚Metatextualität' und ‚Architextualität' bei GENETTE, Palimpseste, S. 13f.
[55] GENETTE, Palimpseste, S. 10f.
[56] GENETTE, Palimpseste, S. 10.
[57] FRICK, Die mythische Methode, S. 31.
[58] FRICK, Die mythische Methode, S. 35.

die antiken Vorlagen gedämpft und um Liebesmotive erweitert.[59] Ein Element, das sich in beinahe allen späteren Iphigenietransformationen durchsetzt, ist Thoas' Liebe zu Iphigenie. Sämtliche vor Goethes *Iphigenie auf Tauris* entstandenen Dramentexte finden ihre ‚Lösung' in List, Lüge oder Mord. Erst Goethe machte Iphigenie zu dem, wofür sie heute steht, zum Sinnbild gewalt-überwindender Humanität. Deshalb kann das Drama der taurischen Iphigenie seit Goethe als das Drama einer Wendezeit verstanden werden.[60] Der Glaube an die Kraft des Wortes, an die Möglichkeit, mit Sprache zu handeln, ist dem Iphigeniemythos allerdings schon bei Euripides eingeschrieben und stellt den zweiten zentralen Themenstrang dar.[61]

„Die *klassischen Werke* verkörpern die zeitlos gültigen Normen in reinster Form. Deshalb sind sie Maßstab und Maßgabe für das ästhetische Urteil und die künstlerische Produktion."[62] „Ein Kanon definiert die Maßstäbe dessen, was als schön, groß und bedeutsam zu gelten hat."[63] Kleists ‚wilde' *Penthesilea* widerspricht dieser Definition von Kanon und Klassik geradezu und steht an erster Stelle einer Tradition von Mythentransformationen, die an die Antike anknüpfend vor allem gegen Goethe gerichtet sind. Heinrich von Kleists *Penthesilea* erfährt immer dann eine Bedeutungssteigerung, wenn ‚Anti-Iphigenien', gegen Goethe gerichtet, auf sie zurückgreifen. Mythengenealogisch stellt Kleists *Penthesilea* einen Sonderfall dar, da sie nicht direkt zu einem relativen prätextuellen Ursprung zurückzuführen ist, der zwischen den *Bakchen* des Euripides und Seitensträngen des Trojanischen Krieges verschwimmt. Mit *Penthesilea* knüpft Kleist an beide oben skizzierten thematischen Stränge, Humanität und Kommunikation, an. In der Zerfleischung Achills wird die Amazone enthumanisiert[64] und ist darin

---

[59] Vgl. FRICK, WERNER: Die Schlächterin und der Tyrann. Gewalt und Aufklärung in europäischen Iphigenie-Dramen des 18. Jahrhunderts, in: Goethe-Jahrbuch 118 (2001), S. 126-141.

[60] Dies entspricht in wesentlichen Linien Reeds Interpretation der *Iphigenie auf Tauris* als „Aufklärungsdrama", vgl. REED, TERENCE JAMES: Goethe, Oxford/New York 1984, S. 58.

[61] Vgl. NEUMANN, UWE: Meinungswechsel in der ‚Iphigenie in Aulis', in: Ders.: Gegenwart und Vergangenheit bei Euripides, Stuttgart 1995, S. 99-123.

[62] ASSMANN, Das kulturelle Gedächtnis, S. 110.

[63] ASSMANN, Das kulturelle Gedächtnis, S. 119.

[64] *Jetzt steht sie lautlos da, die Grauenvolle, / Bei seiner Leich, umschnüffelt von der Meute, / Und blicket starr, als wärs ein leeres Blatt, / Den Bogen siegreich auf der Schulter tragend, / In das Unendliche hinaus, und schweigt.* (KLEIST, HEINRICH VON: Penthesilea, in: Heinrich von Kleist. Sämtliche Werke und Briefe, hg. von Helmut Sembdner, München 2001, S. 414, V. 2695-2699.) Die enthumanisierte Monstrosität, mit der Penthesilea hier wahrgenommen wird, wird im gesamten 23. Auftritt durch die Teichoskopie Meroes vorbereitet, in der sie die Zerfleischung Achills durch die Amazonenkönigin schildert.

eine Schwester der Hauptmannschen Iphigenie. Am Ende tötet sich Penthesilea in einem Sprechakt und negiert so den Glauben an die gewaltüberwindende Macht der Sprache in radikalster Weise.[65]

Aus ihrem politischen und sozialen Kontext heraus schreiben Gerhart Hauptmann, Rainer Werner Fassbinder und Volker Braun gegen Goethe. Allein Jochen Berg scheint Goethes Modell für seine Zeit und Gesellschaft reaktivieren zu wollen. Während sich Hauptmann und Berg noch weitgehend der Form des klassischen Dramas bedienen, zerschmettern Fassbinder und Braun diesen strukturellen Rahmen. Volker Braun geht, an Heiner Müllers Spätwerk[66] geschult, in *Iphigenie in Freiheit* so weit, jegliche intertextuelle Linearität zu zertrümmern und wie nach dem Einschlag einer Bombe zersplittertes Intertextualitätsmaterial in einem quasi entstrukturierten Text zu hinterlassen.

---

[65] *Denn jetzt steig ich in meinen Busen nieder, / Gleich einem Schacht, und grabe, kalt wie Erz, / Mir ein vernichtendes Gefühl hervor. / Dies Erz, dies läutr' ich in der Glut des Jammers / Hart mir zu Stahl; tränk es mit Gift sodann, / Heißätzendem, der Reue, durch und durch; / Trag es der Hoffnung ewgem Amboß zu, / Und schärf und spitz es mir zu einem Dolch; / Und diesem Dolch jetzt reich ich meine Brust: / So! So! So! So! Und wieder! – Nun ists gut.* (KLEIST, Penthesilea, S. 427, V. 3026-3034.)

[66] Vgl. *Die Hamletmaschine* (1978), *Verkommenes Ufer Medeamaterial Landschaft mit Argonauten* (1983).

3. Gerhart Hauptmann – Atriden-Tetralogie

3.1. Von der Klassik ins 20. Jahrhundert

Bei der Lektüre der *Zeitschrift des Deutschen Theaters* in Prag stieß Gerhart Hauptmann auf den Abdruck eines Dramenentwurfs, den Goethe in seiner *Italienischen Reise* festgehalten hatte,[67] so beginnt bereits dieses Kapitel mit Inspiration durch agonale Intertextualität: Innerhalb kürzester Zeit, zwischen Juni 1940 und Februar 1941, führte Hauptmann den Entwurf Goethes aus. Im Vorwort zu *Iphigenie in Delphi* weist er, indem er Goethe wörtlich zitiert und kommentiert, paratextuell, intertextuell und metatextuell auf dessen Prätext zurück. Die Atriden scheinen den greisen Gerhart Hauptmann in ihren Bann gezogen zu haben, denn in zeitlicher Überlappung arbeitete er, zum Teil mit großen Schwierigkeiten, an drei weiteren Transformationen des Mythos: der fünfaktigen *Iphigenie in Aulis*[68] und den beiden Einaktern *Agamemnons Tod*[69] und *Elektra*.[70] Diese vier Stücke bilden die Atriden-Tetralogie. Neben dem Dramenentwurf stellt Goethes *Iphigenie auf Tauris* den wichtigsten Prätext der beiden Iphigeniedramen dar. Daneben kommt insbesondere Euripides' *Iphigenie in Aulis* und *Iphigenie bei den Taurern,* Aischylos' *Orestie,* Homers *Ilias* und Racines *Iphigenie in Aulis* als literarischen Prätexten zentrale Bedeutung zu. Das mythentheoretische Fundament bilden in erster Linie Bachofen, Nietzsche, Rohde, Jung und Kérényi.[71] Bei Hauptmanns Atriden-Tetralogie handelt es sich um eine düstere Revision der klassischen und klassizistischen Transformationen des Iphigeniemythos. Der lichten apollinischen Welt des klassischen Grie-

---

[67] Die Zitate aus den Einzelstücken der Atriden-Tetralogie werden nach dem dritten Band der Centenar-Ausgabe (HAUPTMANN, GERHART: Sämtliche Werke. Centenar-Ausgabe zum hundertsten Geburtstag des Dichters, 15. November 1962, hg. von Hans-Egon Hass, 11 Bde., Darmstadt 1965) im Folgenden mit Kurztitel angegeben: HAUPTMANN, Iphigenie in Delphi, S. 1026. – GOETHE: Italienische Reise, Eintrag vom 19. Oktober 1786, in: HA, Bd. 11, S. 107f.

[68] Während der langen Entstehungszeit von September 1940 bis September 1943 verfasste Hauptmann insgesamt neun Versionen. Die Genese der Endfassung, die in dieser Arbeit einzig berücksichtigt werden kann, ist von Daria Santini gut aufgearbeitet. SANTINI, DARIA: Gerhart Hauptmann zwischen Modernität und Tradition. Neue Perspektiven zur Atriden-Tetralogie, übers. von Benjamin Büttich, Berlin 1998.

[69] Entstehungszeit: Juni 1942 - Januar 1944.

[70] Entstehungszeit: August 1942 - Februar 1945.

[71] Vgl. FRICK, Die mythische Methode, S. 171. – Eine detaillierte Auseinandersetzung mit der Bibliothek Hauptmanns bietet DELVAUX, PETER: Leid soll lehren. Historische Zusammenhänge in Gerhart Hauptmanns Atriden-Tetralogie, Amsterdam 1994, S. 244-249.

chenlandbildes setzt er als Kontrastfolie die sein Antikebild prägende Nachtseite entgegen:

> *Ich habe das schwächliche Griechisieren, die blutlose Liebe zu einem blutlosen Griechentum niemals leiden mögen. Deshalb schreckt es mich auch nicht ab, mir die dorischen Tempel bunt und in einer für manche Begriffe barbarischen Weise bemalt zu denken. Ja, mit einer gewissen Schadenfreude gönne ich das den Zärtlingen.*[72]

Hauptmanns Auseinandersetzung mit der Antike ist von der Suche nach der ‚Urform' der Tragödie hinter den literarischen und ästhetischen Übermalungen der Nachwelt bestimmt.[73] Die seinem Verständnis entsprechende ‚Antike' findet er in einer archaischen, vor Euripides und der griechischen Aufklärung liegenden Epoche, die teilweise wiederum Konstrukt der Moderne ist. Hauptmanns Revision des Iphigeniemythos richtet sich also erstens gegen die Glättung durch die kanonisierten Transformationen Goethes und Racines und benutzt zweitens mit den *Kyprien* über Euripides hinausgehende Quellen des relativen Ursprungs, um ein kultisch geprägtes, archaisches Szenarium zu erzeugen.[74]

3.2. Strategie der Mythostransformation

3.2.1. Iphigenie im Prozess der Enthumanisierung

Die Iphigenie der Atriden-Tetralogie hat mit Goethes Iphigenie bis auf die Liebe zu Agamemnon nichts gemein, sie ist vielmehr in das Gegenteil ihrer klassischen Schwester verkehrt, mit der sie nur noch ihr Name verbindet und selbst von diesem wird sie sich nach und nach entfernen.

Prägnant wird der Prozess der Enthumanisierung Iphigenies im Traum Achills zusammengefasst.[75] Anfangs erscheint sie ihm, noch ganz im

---

[72] HAUPTMANN, Griechischer Frühling. Reisetagebuch Griechenland – Türkei 1907, hg. von Peter Sprengel, Berlin 1996, S. 58.
[73] Vgl. MICHAELIS, ROLF: Der schwarze Zeus. Gerhart Hauptmanns zweiter Weg, Berlin 1962, S. 269.
[74] Zu den *Kyprien* und weiteren Quellen, die Hauptmanns Auseinandersetzung mit der griechischen Antike neben den Tragikern und Homer zugrunde lagen, vgl. DELVAUX, Leid soll lehren, S. 79-104.
[75] HAUPTMANN, Iphigenie in Aulis, IV,1, S. 918f.

Sinne Goethes, als eine *Jungfrau [...], die mehr als menschlich ist,* dann aber auf das schwarze Schiff Hekates zusteuert. Versinnbildlicht wird ihre stufenweise Enthumanisierung durch drei Namen, mit denen sich die Traumgestalt selbst bezeichnet. Als *Tochter Agamemnons* ist sie menschlich, als *Persephoneia* nimmt sie eine Zwitterstellung zwischen der oberen und der unteren Welt ein, bevor sie sich als *Hekate* mit den Göttern der Unterwelt vereinigt. Dieser dreistufige Prozess der Enthumanisierung Iphigenies soll im Folgenden analysiert werden.

Agamemnons Tochter ist sie bis zu ihrer Opferung, danach und während ihres Dienstes auf Tauris nimmt sie wie Persephone eine Zwischenstellung ein, bevor sie durch ihren Selbstmord der Menschlichkeit eine radikale Absage erteilt.

3.2.1.1. *Iphigenie in Aulis* – Von Agamemnons Tochter zu Persephoneia

Sturzweis-frisches Silberlachen und *helles Jauchzen*[76] kündigen Iphigenie in Aulis als lebenslustiges Kind an. Von Kalchas wird sie als *zweite Helena* und *das Schönheitswunder im gesamten Hellas*[77] gerühmt. Diese Eigenschaften, an die sich auch Elektra in Delphi[78] erinnert, kennzeichnen die mykenische Königstochter, bevor sie in Aulis mit dem Wahnsinn ihres Vaters und des gesamten Griechenheeres konfrontiert wird.

Während sie sich in Aulis *selig-geborgen an des Vaters Brust*[79] fühlte, nimmt sie am Kithairon erste krankhafte[80] Veränderungen an sich wahr:

IPHIGENIE: *Bis tief ins Mark durchdringen Eisesschauer mich, sooft es sei von ungefähr*

---

[76] HAUPTMANN, Iphigenie in Aulis, I,4, S. 855.
[77] HAUPTMANN, Iphigenie in Aulis, I,6, S. 860.
[78] ELEKTRA: *[...] und du die holdeste / der kaum erblühten Jungfraun von Mykene. / Du hießest damals Iphigenie. / Wenn ich dich jagte und du vor mir flohst, / umgab dein goldfalb Haar wie eine Lohe / dir Haupt und Schultern. Oh, wie süß du warst! / [...] / Und wie dein Lachen perlte durch den Duft / der Gärten. [...]* (HAUPTMANN, Iphigenie in Delphi, III,5, S. 1078.)
[79] HAUPTMANN, Iphigenie in Aulis, I,5, S. 856.
[80] *[...] seit wir den Vater sahen bin ich krank.* (HAUPTMANN, Iphigenie in Aulis, II,2, S. 866.)

auch meine Augen
die Scheibe treffen, welche Artemis
am nächtigen oder Morgenhimmel rollt. [81]

Von Peitho, die, wie Iphigenie bislang nicht wusste, von denselben Symptomen bedroht ist, [82] erhofft sie sich Heilung. Diese kann ihr nicht helfen, da Iphigenie sich, von einer wahnsinnigen Sehnsucht angetrieben, über Verbote und Warnungen hinwegsetzt: Fast magisch ziehen sie die Liebe zu ihrem Vater, die fingierte Heirat mit dem göttlichen Achill [83] und *der Kere Strudel* [84] nach Aulis. In dieser Trias sind wieder die Stufen Mensch, Halbgott, Gott zu erkennen. Den zweiten Grad der Verwandlung erfährt Iphigenie in Mykene, als ihr die Vögel Hekates den Schleier rauben. [85] Danach hat sie ihre mädchenhaften Züge größtenteils verloren und apotheotische Träume nehmen zu. Klytämnestra nimmt sie als *verwandelt und verderbt* [86] wahr. Den letzten Grad der Entfremdung von ihrer menschlichen Existenz erreicht Iphigenie, als sie die ‚Wahrheit' erkennt und ihre Apotheose nach vollzogenem Opfer erhofft.

IPHIGENIE: *Solche Wahrheit fühlen*
heißt sterben oder aber auferstehn
aus Menschenmenge jauchzend in die Gottheit. [87]
[...] Ich will für Hellas auf dem Altar sterben! [88]

Nach ihren gewichtigen Worten, mit denen sie vor dem griechischen Heer weinend ihre Opferbereitschaft bekundet, bricht sie ein letztes Mal in Verzweiflung zusammen. Während Peitho und Kalchas von Mitleid gerührt sind und Kalchas tiefe Reue empfindet, beginnt sich die Verwandlung Iphigenies in ihr böses Gegenteil zu verfestigen. Auf Peithos Ausruf *O Priester, was hat Delphi uns beschert / durch deinen Mund!* antwortet Iphigenie *grell dämonisch aufschreiend* [Regiebe-

---

[81] HAUPTMANN, Iphigenie in Aulis, II,2, S. 866.
[82] PEITHO: *Auch ich vermeide, zu ihr aufzublicken.* (HAUPTMANN, Iphigenie in Aulis, II,2, S. 866.)
[83] IPHIGENIE: *Kann ich anderes denken / als ihn? Achill! Achill! Ich will zurück // Nach Aulis: mit dem Peleussohn, / dem Gott, die gleiche Götterluft zu trinken.* (HAUPTMANN, Iphigenie in Aulis, II,2, S. 867.)
[84] HAUPTMANN, Iphigenie in Aulis, II,3, S. 872.
[85] HAUPTMANN, Iphigenie in Aulis, III,1, S. 899f.
[86] HAUPTMANN, Iphigenie in Aulis, III,3, S. 905.
[87] HAUPTMANN, Iphigenie in Aulis, III,5, S. 912.
[88] HAUPTMANN, Iphigenie in Aulis, IV,2, S. 925.

merkung] *Den Sieg! Den Sieg! Den Sieg!*[89] Wenig später erscheinen drei Priesterinnen Hekates, die Peitho in den Tod tanzen und Iphigenie mit sich führen. *Wir haben nur den Auftrag, / der Taurisgöttin neue Priesterin / mit höchsten Ehren einzuholen.*[90]

Im dramaturgischen Aufbau von *Iphigenie in Aulis* dienen vier Figuren als Projektionsflächen für das Schicksal und die Entwicklung Iphigenies. In der Figur des Palamedes, dem ersten Opfer des griechischen Wahnsinns in Aulis, wird die Opferung Iphigenies antizipiert und so die zunehmende Barbarisierung der Griechen sowie die Machtlosigkeit des Königs aufgezeigt. In der Figur des Odysseus, dem ehemaligen Kriegsdienstverweigerer, der zum Mörder des Palamedes wurde, wird die Humanität ad absurdum geführt, wie in der Vereinigung Iphigenies mit der Unterwelt. Mit Agamemnons Entwicklung verbindet Iphigenie die zunehmende Enthumanisierung im Zuge apotheotischer Vorstellungen. In Peitho schließlich wird das taurische Schicksal Iphigenies präfiguriert. Im Folgenden werden nun Peitho und Agamemnon als Projektionsflächen untersucht.

Als Präfiguration des Schicksals Iphigenies hat Hauptmann die Taurerin Peitho als Amme Iphigenies neu eingeführt. Mit übermenschlichen Fähigkeiten ausgestattet, vermag Peitho, zur Seherin verdammt[91], das Schicksal der Atriden vorauszusehen und antizipiert durch die Beschreibung ihres eigenen Schicksals das Iphigenies, welches mit dem ihren verschmilzt.

Als Siebenjährige hatte sich Peitho von Griechen aus Tauris rauben lassen, wo ihre Mutter das Priesteramt der *verruchten Göttin Hekate, / der Himmelshündin*[92] versieht. Diese hatte die Tochter vor die grausame Entscheidung gestellt, selbst *das Schlächtermesser gnadenlos zu führen / oder an seinem Stoße zu verbluten.*[93] Peitho entschied sich gegen den Dienst als Opferpriesterin und erscheint im Stück, von Hekate zwar ständig bedroht, als eine der humansten Figuren, die allerdings als Zeichen der unteren Götter den rötlich schimmernden Au-

---

[89] HAUPTMANN, Iphigenie in Aulis, V,2, S. 935.

[90] HAUPTMANN, Iphigenie in Aulis, V,3, S. 938.

[91] *Meine Augen deckt kein Schlaf; / starr aufgerissen glotzen sie ins Nichts, / und im lebendigen Tode so allsehend, / sind sie verflucht.* (HAUPTMANN, Iphigenie in Aulis, II,1, S. 863.) – *Was soll ich ansehn, wohin soll ich blicken, / wo keine Schranke ist und alles schon, geschehn ist, was geschieht?* (HAUPTMANN, Iphigenie in Aulis, II,1, S. 864.)

[92] HAUPTMANN, Iphigenie in Aulis, II,1, S. 863.

[93] HAUPTMANN, Iphigenie in Aulis, II,1, S. 870.

genstern als Erbe ihrer Mutter trägt.[94] Peitho wurde vom dunklen, barbarischen Tauris ins lichte, zivilisierte Griechenland entführt, muss aber durch die Nähe des hekatischen Schiffs[95], die Auswirkungen des Atridenfluchs[96] und die zunehmende Barbarisierung der Griechen erkennen, dass Tauris überall ist. Zeitgleich mit ihrer Opferung wird Iphigenie in umgekehrter Richtung, vom Licht in die Finsternis entführt und gleicht darin Persephone. Indem sich das Ende Iphigenies in Aulis in zwei Strängen vollzieht – die Seher werden Zeugen der Entführung, alle anderen der Schlachtung der Tochter durch den Vater – wird der Unterschied zwischen Tauris und Griechenland, zwischen Barbarei und Zivilisation relativiert.

Während ihres ersten Auftritts bringt Peitho den Unterirdischen ein lebendiges Opfer dar und versucht, ihre Mutter heraufzubeschwören. Das Ritual gelingt und Peitho gibt die Worte ihrer Mutter an Iphigenie weiter: *sie sei nun hundert Jahr und müd am Leben.*[97] Dies setzt Iphigenie spontan mit sich in Beziehung indem sie entgegnet: *Peitho, wie ich, so jung ich bin.*[98] An dieser Stelle wird eine weitere Abweichung der Hauptmannschen Iphigenie von den Iphigenien Goethes und Euripides deutlich, die sich beide durch Sprachvirtuosität auszeichnen.[99] Hauptmanns Iphigenie ist ein in die Göttlichkeit Achills vernarrtes Kind, das sich der Bedeutung seiner Worte nicht bewusst ist.

---

[94] *Gerüchte sprechen von einer mehr als Hundertjährigen: / wer sie gesehn, will wissen, sie sei weiß, / in ihres Haares weißen Seidenmantel / allein gehüllt! Die Augensterne zittern / blutrot.* (HAUPTMANN, Iphigenie in Aulis, I,4, S. 853.)

[95] In seinem Reisetagebuch *Griechischer Frühling* erwähnt Hauptmann das Motiv des schwarzen Schiffs bei Homer. Der völkischen Ideologie entsprechend setzte er dieses in Bezug zu den Schiffen der Wikinger und bedient sich so der These einer Völkerwanderung vom Norden nach Griechenland etc., die in der Propaganda der Nationalsozialisten und im Speziellen in Alfred Rosenbergs *Mythus des Zwanzigsten Jahrhunderts* eine zentrale Rolle gespielt hatte. *Oft ist bei Homer von schwarzen Schiffen die Rede. Ob sie nicht etwa den Nordlandsdrachen ähnlich gewesen sind? Und ob nicht die homerischen Griechen, die ja durchaus Seefahrer und Abenteuernaturen waren, auch das griechische Festland vom Wasser aus zuerst betreten haben?* (Vgl. HAUPTMANN, Griechischer Frühling, S. 31.)

[96] PEITHO: *Vergessen hatt' ich, daß der goldne Glanz / von deinen Kinderlocken grauses Blond / der Tantaliden war und Atreus' Stamm / der ist, des du ein Zweig.* (HAUPTMANN, Iphigenie in Aulis, II,2, S. 868.)

[97] HAUPTMANN, Iphigenie in Aulis, II,2, S. 867.

[98] HAUPTMANN, Iphigenie in Aulis, II,2, S. 867.

[99] Die Sprachvirtuosität Iphigenies bei Euripides bezieht sich in erster Linie auf rhetorische Agone zwischen den Griechen, vgl. NEUMANN, Meinungswechsel, S. 99-123. Ganz anders bezieht sich die Sprachvirtuosität der Goetheschen Iphigenie auf den Dialog mit Thoas, dem ‚Barbaren', mit dem sie die Sprache der Menschlichkeit als Kommunikationsbrücke verbindet, vgl. REED, TERENCE JAMES: Iphigenie auf Tauris, in: Goethe-Handbuch, Bd. 2, hg. von Theo Buck, Stuttgart/Weimar 1997, S. 217; WEDER, KATHARINE: Die redegewandte Iphigenie und die verstummte Elektra. Hofmannsthals ‚Elektra' gegen Goethes ‚Iphigenie auf Tauris', in: Variations. Literaturzeitschrift der Universität Zürich, 9 (2002), S. 57-74.

Peitho und Iphigenie stehen in einer Mutter-Tochter-Beziehung, in der sich die für Peitho und deren geopfertes Kind vorgesehene Bestimmung an Iphigenie erfüllen soll. Der über den Brüsten Iphigenies und Peithos eingenähte Charonsgroschen[100] ist ein antizipierendes Symbol ihres sie verbindenden Schicksals. Die Entführung Iphigenies durch die Dienerinnen Hekates erkennt Peitho als den Beginn eines neuen Kreislaufs des Atridenfluchs.[101]

Im Gegensatz zu Agamemnon und Iphigenie hält Peitho bis zu ihrem Tod an ihrer Menschlichkeit fest und definiert diese geradezu durch menschliches Handeln statt blinder Instrumentalisierung durch die Götter. Auf Iphigenies Frage *Heißt das sich fügen in der Kere Spruch?* entgegnet Peitho: *Unselige, wozu bin ich Mensch.*[102]

Mit Agamemnon verbindet Iphigenie Identitätsverlust, Verlust der Menschlichkeit und das Streben nach Apotheose. Agamemnon stellt in Aulis das Gegenbild des idealen Herrschers dar, der seine Macht nicht menschlichen Fähigkeiten, sondern der Virtuosität seines ‚Propaganda-Priesters' Kalchas verdankt. In Agamemnon vereinigt sich Schwäche mit Bestialität, Leidenschaft mit Wahnsinn, kindischer Jagdinstinkt mit Verantwortungslosigkeit und politischer Blindheit. Er ist schwach und unmännlich, wankelmütig und in Krisen Opfer epileptischer Anfälle. Aufgrund dieser Disposition ist er als Kriegsherr ungeeignet und stellt das Gegenbild seines rationalen Bruders Menelaos dar.[103] Dieser erkennt gemeinsam mit dem Diener Kritolaos bereits zu Beginn der Tragödie die vom psychisch angeschlagenen Heerführer ausgehende Gefährdung ‚Gesamtgriechenlands', unterstützt diesen aber weiterhin, in der Hoffnung, dadurch das Schlimmste verhindern zu können.

Wie ein roter Faden durchzieht der Wankelmut des Königs die Tragödie. Damit knüpft Hauptmann direkt an den Euripideischen Prätext an. In extremer äußerer Bedrängnis hatte dieser seinen engsten Vertrauten Palamedes opfern lassen und seine Tochter Iphigenie unter dem Vorwand, sie mit Achill vermählen zu wollen, zur Opferung nach Aulis bestellt. Verspätete Reue bewirkt eine Art Pingpongspiel, in dem er

---

[100] HAUPTMANN, Iphigenie in Aulis, II,1, S. 865.
[101] PEITHO: *Was, Kalchas, ich geahnt, vollzieht sich nun; / das süße Mägdlein wird vom Tod befreit, / um einzugehen in das Land der Schrecken, / wo sich im Grausen fürchterlicher Not / das Tantalidenschicksal ihr erneuert.* (HAUPTMANN, Iphigenie in Aulis, V,3, S. 939.)
[102] HAUPTMANN, Iphigenie in Aulis, II,3, S. 872.
[103] AGAMEMNON: *Mir ist, als ob dein kühl-entschloßner Geist / die Fiebergluten, die mich blind gemacht, / für immer kühlte – ja, für immer! Ja!* (HAUPTMANN, Iphigenie in Aulis, I,4, S. 852.)

Iphigenie von Aulis zurück in ein Gasthaus im Kithairon und später nach Mykene schickt, bevor sie schließlich doch in Aulis auf der Opferbank bluten muss.

Die Katastrophen, mit denen Agamemnon in Aulis konfrontiert wurde, haben seine Persönlichkeit verändert. Die Schwächen, die anfangs seinen Wankelmut verursacht hatten, waren Signum seiner Menschlichkeit.[104] Im Laufe des Stücks löst er sich, von der Idee seiner eigenen Göttlichkeit verblendet, zugunsten einer dämonischen Stärke davon. Als Werkzeug der Götter erkennt sich auch Iphigenie kurz vor ihrer Opferung. Dieses Bewusstsein nimmt auf Tauris, nach ihrem ‚zweiten Tod' zu.[105] Beide legitimieren dadurch die Unmenschlichkeit ihrer Handlungen, Agamemnon den Mord an seiner Tochter, Iphigenie die Morde an ihren Landsleuten.

AGAMEMNON: *Wenn du den Wahnsinn in mir recht erkannt,*
so weißt du auch, ich bin vom Gott berührt
und sein ohnmächtiges Werkzeug.[106]

IPHIGENIE: *Ich war dein Werkzeug, Göttin, und mit einem Blick,*
den du zu Stahl gehärtet, tat ich das,
was du mir anbefahlst. Ich opferte
auf deinem Altar Griechensöhne.[107]

Göttliche Instrumentalisierung, durchgehend mit Gefäß-Metaphern dargestellt, hat bei Iphigenie, Agamemnon und Orest[108] Identitätsverlust zur Folge. Der Identitätsverlust Agamemnons führt er von einem an Hamlet gemahnenden *Ich weiß nicht, ob ich bin, noch ob ich nicht bin*[109] bei seinem ersten Auftritt über die Absage an seine Identität als Familienvater[110] bis hin zu seiner Existenz als vergöttlichter Priester-

---

[104] FRICK, Die mythische Methode, S. 194.
[105] Vgl. HAUPTMANN, Iphigenie in Delphi, III,5, S. 1084.
[106] HAUPTMANN, Iphigenie in Aulis, III,4, S. 907.
[107] HAUPTMANN, Iphigenie in Delphi, III,3, S. 1071.
[108] OREST: *Du, der dies Rächeramt mir auferlegt, / nimm von mir alles das, was menschlich ist / und dann erfülle mich mit deinem Willen! / Ich bin nur noch ein Werkzeug und sonst nichts.* (HAUPTMANN, Elektra, S. 1018.) In Fortführung der Selbstentfremdung nennt sich Orest in Delphi bis zu seiner Heilung Theron.
[109] HAUPTMANN, Iphigenie in Aulis, I,3, S. 850. – Vgl. *Sein oder Nichtsein, das ist hier die Frage [...].* (SHAKESPEARE, WILLIAM: Hamlet. Prinz von Dänemark, übers. von August Wilhelm Schlegel, Stuttgart, 1999, III,1, S. 54.)
[110] AGAMEMNON: *Dein Gatte Agamemnon starb, / der Vater deiner Kinder lebt nicht mehr.* (HAUPTMANN, Iphigenie in Aulis, II,5, S. 884.)

könig.[111] In seiner „Metamorphose vom zerrissenen Menschen zum gottgleichen Führer"[112] erkennt ihn Klytämnestra nicht an und beschreibt ihn in Analogie zur Wiedereinführung des Opferbrauchs *vertierter Völker*[113] mit Tiermetaphern als *tolle[n] Hund, der zäh sein Wild verfolgt,*[114] als *blindes Raubtier* und als *Bluthund.*[115] Als Agamemnon am Ende Iphigenie opfert, tut er dies *blind und taub und gefühllos.*[116] In seiner Vorstellung, ein Instrument göttlichen Willens zu sein, hat er Menschlichkeit und Verstand abgelegt und mordet in einem Stadium der Bewusstlosigkeit, wie später Iphigenie auf Tauris.

3.2.1.2. *Iphigenie in Delphi* – Von Persephoneia zu Hekate

Wie in Aulis wird die Ankunft Iphigenies in Delphi durch einen Botenbericht angekündigt. Wieder steht Iphigenies Auftreten und die Fremdwahrnehmung ihrer Person im deutlichen Gegensatz zu der am Ankunftsort vorherrschenden Atmosphäre. In Aulis stand die kindliche Lebensfreude im Gegensatz zu den apokalyptischen Zuständen des Kriegslagers, in Delphi hingegen tritt die leb-lose, enthumanisierte Opferpriesterin als dunkle Kontrastfigur zum apollinischen Versöhnungsfest auf. Die idyllisch-sphärische Stimmung in Delphi ist im Gegensatz zu Hauptmanns Betrachtung des Apollotempels während seiner Griechenlandreise konstruiert: *Man muß sich eingestehen: das ganze Bereich eines Tempelbezirks, und so auch diese delphische Böschung, ist blutgetränkt.*[117] Mit der Ankunft Iphigenies hält diese düstere Seite Einzug.

> ERSTER GREIS: *Ein Ziegenhirt,*
> *berauscht, kam mir entgegen: [...]*
> *Er schwor: die Todesgöttin,*
> *die Fackelträgerin, die Jägerin,*
> *kurz eine gnadenlose Hekate*

---

[111] ACHILL: *Befiehl, o Priester-König! Was es sei, das dein Gebot mir aufträgt, ist geschehn.* (HAUPTMANN, Iphigenie in Aulis, IV,2, S. 927.)
[112] FRICK, Die mythische Methode, S. 198.
[113] HAUPTMANN, Iphigenie in Aulis, II,4, S. 880.
[114] HAUPTMANN, Iphigenie in Aulis, III,5, S. 911.
[115] HAUPTMANN, Iphigenie in Aulis, III,5, S. 912.
[116] HAUPTMANN, Iphigenie in Aulis, V,4, S. 942.
[117] HAUPTMANN, Griechischer Frühling, S. 101.

stehe vor Delphis Tor und heische Einlaß.[118]

In der Fremdwahrnehmung verschmilzt die Opferpriesterin häufig mit Artemis-Hekate. Die Priester Apolls sehen in ihr *Hekate* oder *Persephoneia*[119] und weisen so auf die drei Entwicklungsstadien der Iphigenie in Achills Traum zurück. Außer Elektra erkennt niemand Iphigenies menschliche Existenz als *Agamemnons Tochter*. Anstatt, wie in Aulis erhofft, in die göttlichen Sphären aufzusteigen, fristete Iphigenie auf Tauris die Existenz einer Halbtoten, die als Opferpriesterin bewusstlos Griechen mordete. Die in Delphi einziehende Opferpriesterin gleicht einer in Stein gehauenen Kore,[120] gefühllos, grausam, erstarrt. Die Koreplastiken der archaischen Periode sind insbesondere durch ihr „archaisches Lächeln" und ihre „Kolossalität" gekennzeichnet.[121] Sie sind, meist als Weihgeschenke für die Göttinnen Athene, Artemis und Hekate in der Umgebung von Tempelbereichen zu finden und verkörpern Unsterblichkeit.[122] Koren, wie die unten abgebildete, könnten Hauptmann während seiner Griechenland-reise gesehen und inspiriert haben.

---

[118] HAUPTMANN, Iphigenie in Delphi, II,2, S. 1038.

[119] AIKOS: *Persephoneia ist es, die herauf / vom Hades stieg.* PROROS: *Und wenn nicht sie, so ist / es Hekate, die Mondesgöttin, selbst.* (HAUPTMANN, Iphigenie in Delphi, III,2, S. 1070.); POROS: *Dort [auf Tauris] herrscht sie blutig, heißt's, als Hekate / mit Schlangenhaaren, Hunds- und Löwenkopf [...].* (HAUPTMANN, Iphigenie in Delphi, I,2, S. 1032.)

[120] Unter Berücksichtigung von Hauptmanns ausgeprägtem kunsthistorischem Interesse – er besuchte bereits in Jena Vorlesungen über antike Kunst – scheint dieser Vergleich nicht abwegig. Besonders deutlich wird die Prägung seines Griechenlandbildes über die bildende Kunst in seinem Reisetagebuch *Griechischer Frühling*.

[121] MARTINI, WOLFRAM: Die archaische Plastik der Griechen, Darmstadt 1990, S. 83-88.

[122] MARTINI, Die archaische Plastik, S. 80.

Abb. 1 Athen, sog. Euthdikoskore

In ihrer, an eine Kore erinnernden Kolossalität, beschreibt Theron-Orest die Opferpriesterin als *übermenschlich grauenvolles Weib* mit *versteinertem Herzen.*[123] Der Einzugsprozession in Delphi folgt sie hoheitsvoll, in Purpur gekleidet, mit archaisch-unbeweglichem Lächeln, alle andern an Größe überragend.[124] Ebenso beschreibt sie der Apoll-Priester Aikos:

> AIKOS: *Hast du die Priesterin*
> *genau betrachtet? Dieses Bild der Nacht:*
> *ein Lächeln ist um ihren Mund geprägt,*
> *ein regungsloses, das allwissend scheint.*
> *Wie Mandeln, quellend, schräg geschlitzt und zwischen*
> *den halbgeschloßnen Lidern wie erblindet*
> *sind ihre Augen.*[125]

Unter dem Eindruck allgemeiner Versöhnung, Artemis' Trennung von Hekate und der Begegnung der Geschwister[126], beginnt die versteiner-

---

[123] HAUPTMANN, Iphigenie in Delphi, I,6, S. 1049.
[124] Vgl. Szenenanweisung: HAUPTMANN, Iphigenie in Delphi, II,5, S. 1063.
[125] HAUPTMANN, Iphigenie in Delphi, III,2, S. 1070.
[126] Auf Tauris war, in Abweichung von den Prätexten, die Anagnorisis der Geschwister ausgeblieben. In Delphi erkennt lediglich Elektra die Schwester, nicht aber Orest.

te Maske Iphigenies zu beben. In einem Gebet bittet sie Hekate, der sie treu bleibt, inständig, sie wieder zurück nach Tauris, *fort von Menschen, Jahrmarktstreiben, Freuden / die widerlich wie Kindsbrei sind, nur fort / in fernste Felsenklüfte, Wüsteneien / und unauffindbar tiefste Einsamkeit*[127] zu bringen. Während die Opferpriesterin zeremoniell ihre Absage ans Licht vorbereitet, tritt Elektra zu ihr und erkennt sie als ihre Schwester. Allein in dieser Szene wird die Opferpriesterin im Rolleninventar als ‚Iphigenie' bezeichnet. Im Gespräch mit der Schwester wird die Kore in ihrer unbeweglichen Starrheit erschüttert. *Sie bebt* und ihr Gesicht nimmt *eine leichenhafte Blässe* an,[128] ihre Augen öffnen sich und weinen.[129] Die Nähe zwischen den Schwestern ist nur von kurzer Dauer. Indem Iphigenie ihre Augen mit der Hand bedeckt[130] verschließt sie sich wieder ganz und wendet sich endgültig vom Leben, in das sie nicht mehr zurückkehren kann, ab.

> IPHIGENIE: *Du meine Göttin, meine Mutter, nicht versage mir*
> *in diesem schwersten Augenblick die Kraft,*
> *das fernerhin zu sein in deinem Dienst,*
> *wozu du mich gemacht.*[131]

Über einen Botenbericht erfährt die Gesellschaft des Versöhnungsfestes vom Selbstmord der Opferpriesterin in der Phädriadenschlucht.[132] Bis auf Elektra und die Zuschauer der Theatervorstellung scheint niemand um deren wahre Identität zu wissen.
Die Frage nach der Motivation des Selbstmordes spaltet die Forschung. Thesen reichen von christusähnlichem Altruismus bis hin zu hekatisch-düsterem Egoismus.[133] Den direkten Bezug zu Goethe macht Werner Fricks These vom ‚Negativ-Erhabenen' dieser Szene

---

[127] HAUPTMANN, Iphigenie in Delphi, III,3, S. 1072.
[128] Szenenanweisung: HAUPTMANN, Iphigenie in Delphi, III,5, S. 1079.
[129] Szenenanweisung: HAUPTMANN, Iphigenie in Delphi, III,5, S. 1083.
[130] Szenenanweisung: HAUPTMANN, Iphigenie in Delphi, III,5, S. 1083.
[131] HAUPTMANN, Iphigenie in Delphi, III,5, S. 1083. Dieses Gebet der Hauptmannschen Iphigenie ist im Gegensatz zum Gebet Iphigenies bei Goethe konzipiert, in dem diese um Schutz vor den dunklen Gottheiten fleht: *Rettet mich / Und rettet euer Bild in meiner Seele.* (GOETHE, Iphigenie, IV, 5, V. 1716f.)
[132] HAUPTMANN, Iphigenie in Delphi, III,8, S. 1089.
[133] Käthe Hamburger verurteilt den Selbstmord Iphigenies als „hekatisch-düsterem Egoismus". (HABURGER, KÄTHE: Das Opfer der delphischen Iphigenie, in: Gerhart Hauptmann, hg. von Hans Joachim Schrimpf, Darmstadt 1976, S. 174.) Darüber hinausgehend unterstellt ihr Emmerich den Willen zur Vernichtung der Welt. (EMMERICH, WILHELM: Der Tragödientypus Gerhart Hauptmanns, in: Gerhart Hauptmann, hg. von Hans Joachim Schrimpf, Darmstadt 1976, S. 161.)

deutlich: Die Selbstopferung Iphigenies versinnbildlicht die „Negation eines in der dramatischen Form erinnerten und zitathaft aufgerufenen ‚idealistischen' Welt- und Menschenbildes."[134] Die Tragik des Ausgangs liegt bei Hauptmann wie bei Euripides „im negativen Ende für das Individuum trotz einer allgemeinen Wende und Versöhnung."[135] Mit dem Sprung in die Phädriadenschlucht, durch den sich Iphigenie endgültig mit Hekate vereinigt, geht sie den Weg ihrer Enthumanisierung konsequent zu Ende. Diesen zu gehen hatte sich Peitho ihrer genealogischen Disposition zum Trotz geweigert. Im Vergleich von Peitho und Iphigenie wird unter Ein-beziehung all derer, die dem Priesterkönig Agamemnon gefolgt waren, deutlich: „Humanität bewährt sich nicht länger als universelles Prinzip einer allgemeinen Sittlichkeit, sondern als Haltung von Einzelnen".[136]

3.2.2. Der Dualismus der Götterwelt und der ‚Propagandapriester' Kalchas

Die Götterwelt der Atriden-Tetralogie zeichnet sich durch äußerste Komplexität aus, die bei genauer Betrachtung Unstimmigkeiten aufweist.[137] Im Gegensatz zu Goethe und Euripides, aber in Anknüpfung an Hauptmanns Antikenbild und seine Vorstellung vom ‚Urdrama' als Kampf zwischen Licht und Finsternis, wird der lichten Welt der olympischen Götter eine mächtige, dunkle, chtonische Götterwelt als Kontrastfolie entgegengestellt. Beide Welten sind in einem ewigen Kampf begriffen, der sich auch im Menschen widerspiegelt. Anders als Goethe, der die Entwicklung der Götter- und Menschenwelt als Zeitstufenmodell zunehmender Zivilisierung zeichnet, geht Hauptmann von der zyklischen Wiederkehr der unteren, dunklen Gottheiten aus. In *Iphigenie in Aulis* sind die im Parzenlied der Goetheschen

---

[134] FRICK, Die mythische Methode, S. 202.
[135] SCHALLER, BRANKA: Der Atridenstoff in der Literatur der 1940er Jahre. Unter besonderer Berücksichtigung der Nachkriegsdramatik, Frankfurt am Main 2001, S. 66.
[136] FRICK, Die mythische Methode, S. 199.
[137] Vgl. ALT, KARIN: Die Erneuerung der griechischen Mythologie in Gerhart Hauptmanns Iphigenie-Dramen, in: Grazer Beiträge. Zeitschrift für klassische Altertumswissenschaften 12/13 (1985/86), S. 337-368.

Iphigenie überwunden geglaubten alten Gottheiten wieder erwacht und das *alte Lied*[138] ist von bedrohlicher Aktualität:

> *Es fürchte die Götter*
> *Das Menschengeschlecht!*
> *Sie halten die Herrschaft*
> *In ewigen Händen,*
> *Und können sie brauchen*
> *Wie's ihnen gefällt.*[139]

Das Problem innerhalb des Hauptmannschen Kosmos besteht darin, dass das Böse nie wirklich überwunden wurde, sondern als Basis der Weltordnung bestehen bleibt. Besonders deutlich wird diese Bedrohung in Artemis' Abkehr von ihrem lichten Bruder Apoll und ihrer Verschmelzung mit Hekate vorgeführt.[140] Frick bezeichnet die Affinität der nächtlich-lunarischen Gottheiten zum Tod und die davon ausgehende Bedrohung der menschlichen Protagonisten in ihrer physischen Existenz und *humanitas* als zentralen Bestandteil der ‚dionysischen Revision' Hauptmanns.[141] Indem die olympische Göttin so in einen prä-zivilisatorischen Zustand der Barbarisierung zurückfällt, bedroht sie die Menschen in ihrer Menschlichkeit.

Dem Dualismus in der Götterwelt entsprechend ist die äußere Atmosphäre in den einzelnen Stücken gezeichnet. In *Iphigenie in Aulis, Agamemnons Tod* und *Elektra* herrschen Dunkelheit, Krankheit, Verfall und Morbidität. In Delphi hingegen ist die Atmosphäre sonniger, die Sprache der Priester zum Teil von paradiesisch-idyllischer Metaphorik durchwebt. Elemente der düsteren Welt halten dort mit Iphigenie und den noch im Wahnsinn verhafteten Geschwistern Orest und Elektra Einzug, schwinden aber mit zunehmender Heilung.

Scheinen die drei delphischen Priester Apolls ganz von ihrem Gott erfüllt zu sein und ihre Aussagen dem göttlichen Willen zu entsprechen, ist in *Iphigenie in Aulis* der Seher Kalchas als einziges Sprachrohr Apolls verdächtig. In seinen Weissagungen ist es schwierig, zwischen göttlichem Wort und menschlichem Blendwerk zu unterscheiden.

---

[138] GOETHE, Iphigenie auf Tauris, IV,5, V. 1718.
[139] GOETHE, Iphigenie auf Tauris, IV,5, V. 1726-1730.
[140] Vgl. DELVAUX, Leid soll lehren, S. 58-78.
[141] FRICK, Die mythische Methode, S. 181.

Der Seher Kalchas, *des Griechenheeres Seele,*[142] ist die einzige Instanz in Griechenland, deren Auslegung göttlicher Worte und Werke in Aulis politisches Gehör findet. Die unlösbare Schwierigkeit im Umgang mit Kalchas liegt darin, dass eine Unterscheidung zwischen Eigeninteresse und göttlichem Befehl für sämtliche Außenstehende unmöglich ist. Selbst Menelaos vermag nicht zu entscheiden, ob Kalchas die Opferung Iphigenies *aus Ohnmacht oder Herrschbegier*[143] fordert. Unlösbar scheint die Frage, wer wen instrumentalisiert. Schenkt man der Aussage Klytämnestras Glauben, so ist Kalchas nicht aus Berufung, sondern aufgrund einer Frustrationserfahrung Seher geworden. Am mykenischen Hof war ihm unter der Obhut von Agamemnons Vater ein gewaltiger sozialer Aufstieg gelungen, der erst an der Hand der Königstochter Iphigenie scheiterte.[144] Danach verschrieb er sich dem Götterdienst und machte in seinem neuen Amt eine steile Karriere, die ihm schließlich dazu verhalf, als einziger Seher den Trojafeldzug zu begleiten.

Bei seinem ersten Auftritt verhält er sich gegenüber der königlichen Familie als kühler Machtpolitiker, anbiedernd und drohend zugleich. Zum einen lobt er die Schönheit Iphigenies, deren Ankunft eine heilende Veränderung im Lager zuzuschreiben sei und schmeichelt somit in biblischem Sprachgestus der gesamten Familie. Zugleich erinnert er damit den Vater drohend an seine Pflicht, die Tochter auf dem Altar zu opfern.[145]

In der Volksöffentlichkeit tritt Kalchas als Agitator auf und macht sich die Menschen bis zu seinem Rücktritt dadurch untertan, dass er zu Propagandazwecken an religiöse Grundüberzeugungen appelliert. Oft benutzt er dafür eine biblisch aufgeladene Sprache.

Neben dem schwachen, auf ihn fixierten Agamemnon konnte Kalchas stark werden und seine Position so weit ausbauen, dass es ihm in Aulis gelingt, ganz Griechenland durch seine Auslegung göttlicher Zeichen und kosmischer Phänomene zu verführen und in einen präzivilisatorischen Zustand zurückzuschleudern. Klytämnestra, Menelaos und Kritolaos beobachten sein Treiben und seinen zunehmenden Einfluss auf Agamemnon mit Besorgnis. Im Hinblick auf die eingeforderte Opferung Iphigenies kommentiert Kritolaos: *Und nun hat Kalchas ihm, /*

---

[142] HAUPTMANN, Iphigenie in Aulis, II,5, S. 886.
[143] HAUPTMANN, Iphigenie in Aulis, I,2, S. 848.
[144] HAUPTMANN, Iphigenie in Aulis, II,3, S. 877.
[145] HAUPTMANN, Iphigenie in Aulis, I,6, S. 860-862.

der Seher, Arges in den Kopf gesetzt.[146] Und Menelaos fragt: *Wo in ganz Hellas wäre / ein Vater fähig, seine liebste Tochter, / halb noch ein Kind, dem grauenvollen Wahnwitz / der blutbegierigen Priester aufzuopfern?*[147] Beide unterschätzen die Kraft, die Kalchas aus dem im Volk emporwachsenden religiösen Fanatismus saugen kann. *Er geilt[e],* bereits in Mykene *wie ein giftiges Kraut empor.*[148] Besonders Agamemnon steht zum Teil so stark unter Kalchas' Einfluss, dass er zur Bildung einer eigenen Meinung nicht mehr fähig ist und zahlreiche Aussagen mit direkter Referenz auf Kalchas einleitet.[149]

Im Moment äußerster Krise setzt sich Kalchas für die Wiedereinführung der Menschenopfer ein. Iphigenie soll sein erstes Opfer werden. Menschenopfer stellen als *altverruchter, heut verfluchter Brauch,*[150] als *grausig überlebter Brauch vertierter Völker*[151] eine akute Bedrohung für das zivilisierte Griechenland dar, die es als Ausdruck barbarischen Kannibalismus unbedingt von Griechenland abzuwenden gilt. *Weh uns und Hellas, wenn ihm das gelingt!*[152] ruft Klytämnestra aus, bevor sie vorschlägt, den falschen Priester zu ermorden.

Als Gegenbild zu Goethes Iphigenie verkörpert Kalchas das Prinzip der Unmenschlichkeit. Im Vergleich zu Euripides ist die Beschreibung der äußeren Umstände in Aulis ins Apokalyptische gesteigert. Die bei Euripides Poseidon zugeschriebene Windstille wird durch weitere kosmische, den Göttern zugeschriebene Ereignisse ausgebaut. In Aulis herrscht der Tod: Apoll sorgt für Hitze und Wassermangel, Artemis für düsteren Mondschein und Wahnsinn, während die Anwesenheit des schwarzen Schiffs Hekates beides verbindet. Als Begründung des Götterzorns gibt Kalchas die Erlegung der heiligen, trächtigen Hirschkuh der Artemis durch Agamemnon an.[153] Damit verbindet er das Jagdmotiv in der *Orestie* des Aischylos, wo zwei Adler eine trächtige Häsin erlegen[154] mit dem Motiv der Tötung der heiligen Hirschkuh bei Sophokles.[155] Mit diesem Mord, dem Verstoß gegen die göttliche

---

[146] HAUPTMANN, Iphigenie in Aulis, I,2, S. 848.
[147] HAUPTMANN, Iphigenie in Aulis, II,2, S. 848.
[148] HAUPTMANN, Iphigenie in Aulis, II,3, S. 877.
[149] Vgl. HAUPTMANN, Iphigenie in Aulis, I,5, S. 854.
[150] HAUPTMANN, Iphigenie in Aulis, I,2, S. 848.
[151] HAUPTMANN, Iphigenie in Aulis, II,5, S. 885.
[152] HAUPTMANN, Iphigenie in Aulis, II,4, S. 880.
[153] HAUPTMANN, Iphigenie in Aulis, I,2, S. 847f.;
[154] AISCHYLOS, Orestie, übers. von Emil Staiger, Stuttgart 2002, V. 111-120.
[155] SOPHOKLES, Elektra, übers. von Wolfgang Schadewaldt, Stuttgart 1993, V. 566-572. Vgl. DELAUX, Leid soll lehren, S. 31-39.

Ordnung, brach das Chaos in die Welt ein. Ob damit der Zyklus des Bösen, wie Delvaux vermutet,[156] erst beginnt, wird durch Thestor in Frage gestellt. Durch eine Vision[157] wird der Gehalt göttlicher Wahrheit in Kalchas Worten in Zweifel gezogen. Da ihm niemand glaubt, bleiben sie für das weitere Geschehen wirkungslos. In der Interpretation müssen zwei nicht zu vereinbarende Möglichkeiten nebeneinander stehen bleiben: Erstens, wenn Thestor die Wahrheit spricht hat Kalchas gelogen. Zweitens, wenn Thestor lügt, spricht Kalchas vielleicht die Wahrheit. Auch wenn beide lügen, unterscheidet sich hier das Lügen in seiner moralischen Qualität. Lügt Kalchas, so tut er es aus Unmenschlichkeit, lügt Thestor, so tut er dies im Dienst der Menschlichkeit, in der Hoffnung, so den Rückfall in die Barbarei zu verhindern. Bis hierhin bleibt die Frage nach dem Verhältnis zwischen Göttern und Kalchas unlösbar. Der Zweifel an der göttlichen Fundierung seiner Worte könnte durch den plötzlichen Wandel seiner Persönlichkeit und durch seinen Rücktritt aus dem Seheramt bestätigt werden. Als Iphigenie am Ende in die Opferung einwilligt, das Volk jubelnd nach Blut lechzt, der Krieg kurz bevor steht und sich alles so vollzieht, wie Kalchas es immer gefordert hatte, behauptet er plötzlich, die Stimme Apolls nicht mehr vernehmen zu können.[158] Wie schon zuvor nimmt er göttliche Zeichen wahr, die dieses Mal aber darauf angelegt sind, die Opferung zu verhindern:

> *Seit wir im Tempel sind, hat der Kronid'*
> *die Luft verdüstert. Eine andere Sprache*
> *erfand der Flug der Vögel. Und was mehr ist:*
> *ein Schwan hing an dem Tempelgiebel fest [...].*[159]

Zur Bekräftigung fügt Peitho weitere göttliche Zeichen hinzu.[160] Sind die Zeichen wahrhaft göttlich, ist durch das Einwirken des ‚oberen' Zeus auf die Nachtseite Apolls das Verstummen der barbarischen

---

[156] Die Jagdszenen iunterpretiert Delvaux als Antizipation der Taten Agamemnons in Troja. (Vgl. DELVAUX, Leid soll lehren, S. 38.) In der Tiergestalt Artemis' eine Konsequenz des Jagdfrevels Agamemnons: „Nicht nur hat er die Göttin aus der hellenistischen Kultur gestoßen, sondern er hat sie zugleich in ihrer alten Natur getroffen und herausgefordert, denn er tötete in ihrem heiligen Hain, vor ihren Augen [...] ihre heilige [...] Hinde." (DELVAUX, Antiker Mythos und Zeitgeschehen. Sinnstruktur und Zeitbezüge in Gerhart Hauptmanns Atriden-Tetralogie, Amsterdam 1992, S. 137.)
[157] HAUPTMANN, Iphigenie in Aulis, III,4, S. 909.
[158] HAUPTMANN, Iphigenie in Aulis, V,1, S. 929.
[159] HAUPTMANN, Iphigenie in Aulis, V,1, S. 930.
[160] HAUPTMANN, Iphigenie in Aulis, V,1, S. 930.

Forderungen in der Wahrnehmung Kalchas' erklärbar. Sind die Zeichen Blendwerk, so scheint Kalchas damit eine von ihm selbst inszenierte Entwicklung bremsen zu wollen, über die er die Kontrolle verloren hat. Peithos Bekräftigung schließt diese Lesart nicht aus, sie könnte ebenfalls Blendwerk zur Rettung Iphigenies sein. Im Hinblick auf die Untersuchung der politischen Dimension der Tetralogie nimmt die Figur des Manipulators Kalchas eine Schlüsselrolle ein. Die Frage bleibt offen, wen das Menschengeschlecht zu fürchten hat, die Götter oder den Seher?

3.3. Funktion der Mythentransformation

3.3.1. Bezüge zur Zeitgeschichte – ein ‚Schlüsseldrama'?

Der Iphigeniemythos weist eine enge Verschränkung mit dem Trojanischen Krieg, dem großen, zwischen Mythos und historischer Wirklichkeit schwebenden Krieg auf, der in der abendländischen Kulturgeschichte zum „Emblem des Krieges"[161] geworden ist. So ist es nahe liegend, dass in der während des Zweiten Weltkriegs entstandenen Atriden-Tetralogie poetologische Elemente hart auf zeitgeschichtliche Realität treffen. Zwar weisen zahlreiche Notizen und Studien auf eine lebenslange Beschäftigung Hauptmanns mit der griechischen Antike und Mythologie hin, und rein poetologisch scheint die Atriden-Tetralogie die Realisierung seiner Tragödienkonzeption zu sein,[162] dennoch ist das Werk ebenso wenig frei von zeitgeschichtlichen Bezügen wie Tolkiens *Herr der Ringe*. Tolkien betont in seinem Vorwort die mythologische Konstruiertheit Mittelerdes und wendet sich gegen die Politisierung als ‚Schlüsselwerk'.

> „Der wirkliche Krieg ähnelt weder in seinem Verlauf noch in seinem Abschluß dem Krieg der Sage. Hätte er den Fortgang der Sage inspiriert oder bestimmt, dann hätte man sich des Rings bemächtigt und ihn gegen Sauron eingesetzt; Sauron wäre nicht vernichtet, sondern versklavt, Ba-

---

[161] PREUßER, HEINZ-PETER: Troia als Emblem. Mythisierungen des Krieges bei Heiner Müller, Christa Wolf, Stefan Schütz und Volker Braun, in: Text und Kritik, Bd. 24: Literaten und Krieg, hg. von Heinz Ludwig Arnold, 1994, S. 61-73.

[162] Vgl. Tragödiendefinition Hauptmanns, wie sie im Goethe-Kapitel dieser Arbeit abgedruckt ist. HAUPTMANN, Griechischer Frühling, S. 101.

rad-Dûr nicht zerstört, sondern besetzt worden. [...] Saruman [...] hätte [...] sich bald einen eigenen großen Ring gemacht, um damit den selbsternannten Herrscher von Mittelerde herauszufordern. Bei diesem Kampf hätten beide Seiten für die Hobbits nur Haß und Verachtung empfunden: nicht einmal als Sklaven hätten sie lang überlebt."[163]

Dennoch besteht kein Zweifel daran, dass beide Werke unter dem Einfluss der Entstehungszeit den Krieg als anti-humane ‚Kultur'-Praxis spiegeln. Allen Kriegen gemeinsam ist das Ausschalten der zivilen Gesetzesordnung und die Etablierung einer grausamen Kriegsordnung, wie Achill zu Beginn des vierten Aktes feststellt: *O was ist der Krieg! / Was unausdenkbar schien im Friedenslicht, / des Ares blutige Brände machen's möglich.*[164] Unmenschlichkeit, Entfremdung, Verblendung, Fanatismus, Manipulation, Opferbereitschaft und das Einfordern von Opfern bestimmen Kriege. Im Erwachen dämonischer Mächte, die die Welt erschüttern, liegt der zentralste Bezugspunkt der Atriden-Tetralogie zum Drittem Reich:

Die Erde hat gebebt. Der Menschen Städte
erzittern, fürchten ihren Untergang.
Was für die Ewigkeit gemauert schien,
zerbröckelt knisternd, knirscht und wankt im Grund.[165]

Zugleich ist dies eine dem Schrecken, als dem zentralen Element der Hauptmannschen Tragödienvorstellung, verpflichtete Transformation des Stoffs. Die unteren Gottheiten beginnen, wieder zu wirken, bemächtigen sich wo nur möglich der Menschen wie der olympischen Götter und machen beide zu ihren Werkzeugen. Deutlich vorgeführt wird dies in Artemis' Verschmelzung mit Hekate und der Enthumanisierung Iphigenies. Prinzipiell ist die gesamte Gesellschaft gefährdet, Teil des bösen Mächtespiels zu werden, wie in der verblendeten

---

[163] TOLKIEN, JOHN RONALD REUEL: Vorwort, in: Der Herr der Ringe, Bd. 1, Stuttgart 1997, S. 11.
[164] HAUPTMANN, Iphigenie in Aulis, IV,1, S. 918.
[165] HAUPTMANN, Iphigenie in Aulis, II,6, S. 890. – Das bedrohliche Beben im Inneren der Erde und das Erwachen urzeitlich-dunkler Wesen wird im *Herrn der Ringe* an vielen Stellen thematisiert. Besonders deutlich wird dies im Kampf Gandalfs mit dem Balrog in Moria. (Vgl. TOLKIEN, Der Herr der Ringe, Bd. 1, S. 390-401.) Möglicherweise liegt darin ein Bindeglied zwischen den mythologischen Texten Hauptmanns und Tolkiens.

Kriegsbegeisterung des Volkes – *Auf nach Troja! Auf nach Troja! Auf nach Troja!*[166] – vor Augen geführt wird.

Weniger strukturell, da nur eingestreut, aber von direktem Erkennungswert sind Zitate aus der Welt des Dritten Reichs. Da es sich häufig um bedeutungsschweres Vokabular der nationalsozialistischen Ideologie handelt, nimmt der politische Kontext eine dem Intertextualitätsbegriff Genettes entsprechende Bedeutung ein: Peitho spricht im Zusammenhang mit dem schwarzen Schiff vom *Endziel*[167], das Volk ruft *Heil Agamemnon*[168] und es ist von einem *Reich*[169] die Rede, obwohl dieser Terminus vor Alexander dem Großen einen Anachronismus darstellt. Weitere Bezüge sind pseudo-sakrale Rhetorik, Kriegshetze, Aufwiegelung der Massen und Propagierung des Führerkults durch Kalchas und Agamemnon. Beide haben ihren Aufstieg rücksichtsloser Gewalt und Unmenschlichkeit zu verdanken. Für einen derartigen Werdegang sind in den Reihen der Nationalsozialisten viele Entsprechungen zu finden. In den Reden Agamemnons und Kalchas' im Hinblick auf den Trojafeldzug klingt die Idee der Weltherrschaft ebenso an wie die der Gewinnung von Lebensraum im Osten.

> AGAMEMNON: *Nun wartet eurer die Trojanerin,*
> *das Gastmahl euer und die fette Trift,*
> *damit ihr Haus und Altar in ihr gründet.*
> *[...]*
> *Bald kehren unsre hohlen Schiffe wieder,*
> *mit Schätzen schwer befrachtet bis zum Rand.*
> *O welch ein Jubel, wenn das Griechenschwert*
> *vom schwarzen Phrygerblute wütend träuft,*
> *vom geilen Blut des Paris euer Speer,*
> *wenn ihr zu Haus und Herd ruhmreich zurückkehrt!*[170]

Leicht verfremdet scheint Agamemnon in einer seiner früheren Propagandareden den Refrain eines der bekanntesten Nazilieder aus der Feder von Hans Baumann zu zitieren.

---

[166] HAUPTMANN, Iphigenie in Aulis, V,6, S. 944.
[167] PEITHO: *Es ist ein düstres Warten über ihm* [dem schwarzen Schiff] *vor dessen Endziel Kalchas selbst erbangt [...]*. (HAUPTMANN, Iphigenie in Aulis, III,3, S. 905f.)
[168] STIMMEN: *Heil, König Agamemnon! Heil! Heil! Heil!* (HAUPTMANN, Iphigenie in Aulis, S. 925.)
[169] HAUPTMANN, Iphigenie in Aulis, IV,1, S. 920.
[170] HAUPTMANN, Iphigenie in Aulis, IV,2, S. 928.

AGAMEMNON: *Was tut's, wenn unsres Hauses Untergang / das freche Troja mit zu Grabe reißt / und aus dem Schutte Hellas sich erhebt / zum Herrn der Welt.*[171]

BAUMANN: *Wir werden weiter marschieren / Wenn alles in Scherben fällt, / Denn heute da [ge]hört uns Deutschland / Und morgen die ganze Welt.*[172]

Über diese zeitgeschichtlichen Bezüge hinausgehend, wurde die Atriden-Tetralogie in der Forschung zum Teil als ‚Schlüsseldrama‘ verstanden, in dem mythologischen Figuren reale Personen aus der politischen Welt des Dritten Reichs entsprechen sollen.[173] In der einzigen bedeutenden Gesamtinszenierung der Atriden-Tetralogie anlässlich des hundertsten Geburtstags Gerhart Hauptmanns durch Erwin Piscator am 7. Oktober 1962 an der Freien Volksbühne Berlin im Theater am Kurfürstendamm, wurde diese als „politisches Drama" inszeniert, um eine „Durchlichtung einer Gegenwart, in die von den Deutschen bislang noch wenig Licht gehalten wurde", zu erzielen.[174] Gekürzt und angereichert mit Mitteln des epischen Theaters versuchte Piscator durch seine Inszenierung die politische Aktualität der Mythostransformation herauszustellen. Direkt sichtbar wird dies durch die Anreicherung der Hintergrundgeräusche mit modernem Kriegslärm wie Panzerdonnern Motorengeheul und Flugzeuglärm[175], wie sie uns später bei Fassbinder wieder begegnen.

Auf der Suche nach realen Entsprechungen scheint die von Piscator vorgeschlagene Gleichsetzung des Manipulators Kalchas mit Josef Goebbels und Alfred Rosenberg, den Chefideologen des Dritten Reichs, am wenigsten problematisch. Bereits bei Agamemnon aber beginnen Schwierigkeiten, ihn in der Geschichte zu verankern. Piscator zufolge trägt er deutliche Züge Adolf Hitlers, während Renate

---

[171] HAUPTMANN, Iphigenie in Aulis, III,4, S. 907.

[172] zit. nach http://www.rezitator.de/pdf/anacker.pdf (26.8.2003) - Delvaux weist darauf hin, dass es zwei Versionen des Liedes gab, wobei mit ‚da hört uns Deutschland‘ eher auf Herrschafts- und mit ‚da gehört uns Deutschland‘ auf Besitzverhältnisse angespielt wurde. (Vgl. DELVAUX, Antiker Mythos und Zeitgeschehen, S. 210.

[173] PISCATOR, ERWIN: Gerhart Hauptmanns ‚Atriden-Tetralogie‘, in: Gerhart Hauptmann, hg. von Hans Joachim Schrimpf, Darmstadt 1976, S. 323f. – USMIANI, RENATE: Towards an Interpretation of Hauptmann's ‚House of Atreus‘, in: Modern Drama 12 (1969) 3, S. 286-297.

[174] PISCATOR, ERWIN: Gerhart Hauptmanns ‚Atridentetralogie‘, in: Erwin Piscator. Schriften, Bd. 2, hg. von Ludwig Hoffmann, Berlin 1968, S. 294.

[175] Vgl. FLASHAR, Inszenierung der Antike, S. 186.

Usmiani in ihm eine Verkörperung des deutschen Volkes sieht.[176] Beide Lesarten sind trotz ihrer Widersprüchlichkeit nachvollziehbar, deuten aber bereits Schwierigkeiten an, die in Versuchen, für Iphigenie eine historische Entsprechung zu finden, gipfeln. Wie kann das Opfer von Aulis, das sich zur Schlächterin von Tauris wandelte, mit den Opfern des Dritten Reichs verglichen werden?[177] Besonders im Hinblick auf Piscators Interpretation wird deutlich, wie sehr neben der Produktion auch die Rezeption mythologischer Stoffe durch Ideologie und Zeitgeschichte geprägt sein kann. Mit Einschränkungen scheint es durchaus möglich zu sein, in Klytämnestra die Antifaschistin zu sehen, die Piscator für seine Inszenierung zu benötigen meinte. Auch wenn in den einzelnen Figuren zeitgeschichtliche Parallelen angelegt sind oder hineingelesen werden können, ist die Beschreibung der Atriden-Tetralogie als Schlüsselstück höchst problematisch, da, um eine lineare Lesart zu erzeugen, viele widersprüchliche Elemente vernachlässigt werden müssen.

> „Die Analyse wird sich davor hüten müssen, dem Gesamtwerk durch hermeneutische Auslegungskünste oder durch einseitige Akzentuierungen und die Ausblendung des heterogenen eine Geschlossenheit und gedankliche Stringenz zu vindizieren, die es de facto gerade nicht besitzt."[178]

Eine, im Brechtschen Sinne zu Veränderung und Geschichtsbewusstsein aufrufende Dimension kann der Atriden-Tetralogie ebenfalls nicht bescheinigt werden, da sie den Geschichtspessimismus und die Schicksalsgläubigkeit ihres greisen Autors nur allzu deutlich spiegelt. Die zeitgeschichtliche Aktualität liegt weniger in direkter, politischer Bezugnahme, als viel mehr im Dialog mit Goethe.

---

[176] „[T]he character of Agamemnon had undoubtedly become for Hauptmann an embodiment of the German people [...]."(USMIANI, Towards an Interpretation, S. 289.)

[177] Piscator drückt sich wenigstens vage aus, wenn er Iphigenie zum Sinnbild all derer macht, die unschuldig geopfert wurden. Woran denkt er? An die Juden, an Soldaten oder an das Personal der Konzentrationslager? (Vgl. PISCATOR, ‚Atriden-Tetralogie', S. 323f.) – Usmiani hingegen spricht sich für die unhaltbare Gleichsetzung Iphigenies mit den Opfern des Holocaust aus: „[...] that Hauptmann had the slaughter of the Jewish people in mind when he described the barbaric sacrifice of Iphigenia at the hands of her father becomes quite clear [...]." (USMIANI, Towards an Interpretation, S. 293.) Aus heutiger Sicht scheint der Kommentar des Menelaos zur Opferung Iphigenies – *[d]aß ein Verbrechen sich vollenden will, / ganz Hellas schändend, so wie keines vor ihm / und keines in aller Zeit es vermag ...]* (HAUPTMANN, Iphigenie in Aulis, I,3, S. 850.) – direkt auf den Holocaust anzuspielen. Es ist aber erstens unwahrscheinlich, dass Hauptmann das Ausmaß der Judenvernichtung 1944 in diesem Maße bewusst war, und zweitens weist das Schicksal Iphigenies einschließlich ihrer Opferung, die selbst gewählt ist, keine Parallelen zu dem der Juden während des Dritten Reichs auf.

[178] FRICK, Die mythische Methode, S. 188.

3.3.2. Polemische Intertextualität – Hauptmanns Dialog mit Goethe

Der intertextuelle Dialog mit Goethe durchzieht Hauptmanns Werk seit den 1890er Jahren wie ein roter Faden.[179] Neben physiognomischer Ähnlichkeit verbindet beide Autoren „der Übergang von einem sozialkritischen Frühwerk zu einer ‚klassischen' – wesentlich von der Hinwendung zur Antike geprägten Schaffensphase."[180] Die konstruierte Nähe ging so weit, dass Hauptmann in der Weimarer Republik in direkter Goethenachfolge zum neuen Nationaldichter werden sollte.[181] Für die Untersuchung des intertextuellen Dialogs, den Hauptmann in seiner Atriden-Tetralogie mit Goethe führt, werden zwei für die weitere Untersuchung wichtige Aspekte herausgegriffen: Erstens wird Hauptmanns archaisierender Blick auf die griechische Antike dem Griechenlandbild der Klassik gegenübergestellt. Dieser Dialog gipfelt in der Enthumanisierung Iphigenies. Zweitens wird die Bedeutung von Tauris in seiner Absenz untersucht.

Das ambivalente Verhältnis Hauptmanns zu Goethe gestaltet sich besonders deutlich im Reisetagebuch *Griechischer Frühling*, in dem starke Orientierung und Abkehr gleichermaßen präsent sind. Der größte Unterschied im Blick auf die Antike liegt in der Auseinandersetzung mit der Gattung der Tragödie. Mit der Eliminierung blutig-archaischer Elemente und der Konstruktion des versöhnlichen Schlusses hatte sich Goethe in seiner Iphigenie von der Gattung Tragödie abgewandt und seine eigene Transformation als ‚Schauspiel' bezeichnet. Hauptmann hingegen sieht in den von Goethe verdrängten, archaischen Elementen die eigentliche *Wurzel der Tragödie.*[182]

Tragödie heißt: Feindschaft, Verfolgung, Haß und Liebe als Lebenswut!
Tragödie heißt: Angst, Not, Gefahr, Pein, Qual, Marter, heißt Tücke,
Verbrechen, Niedertracht, heißt Mord, Blutgier, Blutschande, Schlächte-
rei – wobei die Blutschande nur gewaltsam in den Bereich des Grausens
gesteigert ist. Eine wahre Tragödie sehen hieß, beinahe zu Stein erstarrt,
das Angesicht der Medusa erblicken, es hieß, das Entsetzen vorwegneh-
men, wie es das Leben heimlich immer, selbst für den Günstling des

---

[179] SPRENGEL, PETER: Gerhart Hauptmann. Epoche – Werk – Wirkung, München 1984, S. 228f. – Vgl. *Im Wirbel der Berufung* (1936), *Mignon* (1944), *Märchen* (1941).
[180] SPRENGEL, Gerhart Hauptmann, S. 228.
[181] SPRENGEL, Gerhart Hauptmann, S. 228f.
[182] HAUPTMANN, Griechischer Frühling, S. 99.

Glücks, in Bereitschaft hat. [...] Ich stelle mir vor, dass aus dem vieltau-
sendköpfigen Griechengewimmel dieses Halbtrichters zuweilen ein einzi-
ger, furchtbarer Hilfeschrei der Furcht, der Angst, des Entsetzens gräss-
lich betäubend zum Himmel der Götter aufsteigen musste, damit der grau-
samste Druck, die grausamste Spannung sich nicht in unrettbaren
Wahnsinn überschlug.[183]

In dieser Hinsicht handelt es sich bei der Atriden-Tetralogie um eine
Revision des blutleeren Schauspiels des harmoniebedürftigen Dramatikers Goethe. Agonaler Impetus und „polemische Intertextualität"[184]
kennzeichnen Hauptmanns Ausführung des Dramenentwurfs Goethes,
den er mit dem Selbstmord Iphigenies in sein Gegenteil verkehrte.
Goethe hatte die Idee, im Apolloheiligtum in Delphi die Geschwister
Iphigenie, Elektra und Orest nach anfänglicher, fast tödlicher Verwir-
rung, zu einem Versöhnungsfest zusammenzuführen. Enthusiastisch
kommentierte er den eigenen Plan: *Wenn diese Szene gelingt, so ist*
nicht gleich etwas Größeres und Rührenderes auf dem Theater gese-
hen worden.[185] In seiner Realisierung nimmt Hauptmann dem Plan alles Rührselige, indem er das Fest mit dem Selbstmord der Opferpriesterin Iphigenie konterkariert. Hauptmanns Darstellung einer radikal
enthumanisierten Iphigenie stellt eine deutliche Abkehr von der licht-
durchfluteten Humanitätsreligion der Weimarer Klassik dar. In der
Analyse der Iphigeniefigur ist deutlich geworden, dass diese aus der
Negation der Vorlage Goethes heraus konstruiert wurde.
In Form eines tragischen Agons schrieb Hauptmann „mit Goethe gegen Goethe"[186] und stellte den „Klassizismus mit seinen eigenen dramaturgischen Mitteln und in seiner eigenen Sprache gleichsam ‚von
innen heraus' in Frage."[187] Beide Iphigenie-Tragödien weisen starke
intertextuelle Bezüge zu Goethes *Iphigenie auf Tauris* auf. Trotzdem
wurde die Taurishandlung nicht eigens dramatisch ausgeführt. Mehr
als agonale Gesichtspunkte begründet dies eine Umdeutung der Topo-
graphie und daraus resultierend eine Umdeutung des Grundkonflikts
zwischen Barbarei und Zivilisation. Da Tauris nicht mehr als ferner,
barbarischer Ort lokalisierbar ist, sondern sich ausgebreitet hat und

---

[183] HAUPTMANN, Griechischer Frühling, S. 100f.
[184] FRICK, Die mythische Methode, S. 172.
[185] GOETHE, Italienische Reise, S. 108.
[186] FRICK, Die mythische Methode, S. 203.
[187] FRICK, Die mythische Methode, S. 201.

überall präsent ist, musste die Taurishandlung nicht eigens ausgeführt werden.

> „Die Hekate-Sphäre strahlt in der Topographie [...] in die Region der griechischen Humanität aus, nach Aulis, nach Mykene, ja selbst nach Delphi, und droht, sie mit ihrem ‚Wahnsinn' zu infizieren und in den überwunden geglaubten Wahnsinn zurückzustürzen."[188]

Gerade in seiner scheinbaren Absenz ist Tauris so viel näher und präsenter als bei Goethe und Euripides. Indem Hauptmann Tauris in die zivilisierte Welt hereinholte, zeichnete er einen Weg vor, den Fassbinder, Berg und Braun weitergegangen sind. Bei Goethe ist Tauris der zivilisationsferne, barbarische Ort, der zivilisiert werden muss und kann. Bei Hauptmann hingegen spielen ‚die Barbaren' als Kontrastfolie eine untergeordnete Rolle und erinnern lediglich an den großen Denkfehler einer Welt, die davon ausgeht, einmal errungene ‚Zivilisation' sei ein ewiges Gut.

> „Die Zivilisation muss [...] stets der Natur, auch der Natur des Menschen abgerungen werden, des Tieres, bei dem die Tötungshemmungen innerhalb der Art so schwach ausgebildet sind, dass die Gattung homo sapiens zur Selbstvernichtung in der Lage ist."[189]

Mit Bezug auf den zweiten Weltkrieg thematisiert Hauptmann das heute angesichts der Folgen des Irakkrieges wieder aktuelle Problem von der Bedrohung der Zivilisation aus sich selbst heraus, also den Rückfall von der Zivilisation in die Barbarei. Hauptmanns Enthumanisierung der *verteufelt humanen Iphigenie,* ist in erster Linie eine Absage an eine Utopie der Weimarer Klassik mit möglicherweise zeitgeschichtlichem Bezug.

Nach dem Selbstmord Iphigenies, deren Identität bis auf Elektra und die Zuschauer niemand kennt, gibt Pyrkon im Schlussmonolog, in dem er die zyklische Struktur des Weltlaufs betont, möglicherweise ein Rätsel auf:

---

[188] FRICK, Die mythische Methode, S. 182.
[189] LEPENIES, WOLF: Das Rohe und der Mensch. Der Blick in die eigene Geschichte sollte die Europäer davon abhalten, Afrikas Kriege als Akte fremder Barbarei zu betrachten, in: Süddeutsche Zeitung vom 31. Juli 2003.

Wer die Priesterin
der Taurischen Selene wirklich war,
bleibt heiliges Geheimnis unsres Tempels.[190]

Handelt es sich bei dieser Frage um mehr, als der Zuschauer, der ja weiß, dass die Opferpriesterin in Wirklichkeit Iphigenie war, spontan beantworten kann? Wird hier eine Leerstelle aufgemacht, die der Zuschauer füllen muss? Iphigenie, einst Sinnbild der Humanität und Symbol des Geistes der Weimarer Klassik, wurde in Aulis geopfert und durch ihre ,Retterin' Hekate deformiert. Dem Untergang Iphigenies entspricht der Untergang Deutschlands als Bildungs- und Kulturnation, das Versinken der Weimarer Republik im Horror des Zweiten Weltkriegs. Resignierend kommentiert Menelaos die Barbarisierung in Aulis.

MENELAOS:
Einst war ein Reich, man hieß es Griechenland!
Es ist nicht mehr! Denn wo noch wären Griechen?
Ich sehe keinen um mich weit und breit.[191]

Auf radikale Weise markiert Hauptmann mit seiner Atriden-Tetralogie einen Endpunkt, hinter dem die Werte der Weimarer Klassik keine Gültigkeit mehr besitzen und erklärt die Wirkungszeit seines Vorbilds Goethe für beendet. Für Iphigenie gibt es nach dem Grauen von Tauris und ihrer vollständigen Enthumanisierung kein Zurück mehr. Aulis und vor allem Tauris erscheinen als Markierungspunkte eines endgültigen Bruchs. Mitten im Zweiten Weltkrieg erklärt Hauptmann die Existenz Deutschlands als Kulturnation für beendet. Welches Drama wäre dafür geeigneter als das Musterstück der Weimarer Klassik, Goethes Schauspiel vom Sieg der Humanität? Mit dieser epochalen Zäsur scheint Hauptmann das zu antizipieren, was nach 1945 als ,Stunde Null' in die Literaturgeschichte eingehen sollte. Interessant ist, dass Hauptmann mit seiner Atriden-Tetralogie eine Entidealisierung des klassischen Dramas Goethes vorgelegt hat, ganz im Widerspruch zu den Bemühungen der Nachkriegszeit, sich auf die humanistische Tradition als Gegenentwurf zur faschistischen Barbarei zurück-

---

[190] HAUPTMANN, Iphigenie in Delphi, III,8, S. 1090.
[191] HAUPTMANN, Iphigenie in Aulis, IV,1, S. 920.

zubesinnen.[192] Die politische Einordnung der Atriden-Tetralogie fällt schwer. Zweifellos beurteilte Thomas Mann diese falsch, indem er ihr „ein Flüchten [...] aus dem gewürgten Verstummen der Hitler-Zeit in die Masken der Blutwelt der Atriden" vorwarf.[193] Trotzdem ist sie aufgrund der tiefen Schicksalsgläubigkeit der Charaktere keine Widerstandsdichtung, sondern eher ein „Dokument der inneren Emigration".[194]

---

[192] Vgl. SCHALLER, Atridenstoff, S. 44.
[193] MANN, THOMAS: Gerhart Hauptmann 1952, in: Gerhart Hauptmann. hg. von Hans Joachim Schrimpf, Darmstadt 1976, S. 140.
[194] DELVAUX, Antiker Mythos und Zeitgeschichte, S. 207.

4. Rainer Werner Fassbinder – *Iphigenie auf Tauris* von Johann Wolfgang von Goethe

4.1. Vom Actiontheater zum *antiteater*

> *Nichts langweilt mich gewöhnlich mehr als die normalen gediegenen Theateraufführungen, hier jedoch erregte mich das, was auf der Bühne geschah, wie es geschah und was dadurch im Zuschauerraum ausgelöst wurde. Zwischen den Schauspielern und dem Publikum entstand etwas wie Trance, etwas wie eine kollektive Sehnsucht nach revolutionärer Utopie.*[195]

Aggressiver politischer Gestus und provokativer Umgang mit Klassikern der Weltliteratur verliehen den Inszenierungen des Münchner Action-Theaters und dessen Nachfolgeprojekt, dem *antiteater*, eine außergewöhnliche Färbung und machten sie zu wichtigen Dokumenten ihrer Entstehungszeit. Gespielt wurden antike Tragiker, Klassiker und moderne Dramatiker, aber auch Eigenproduktionen Rainer Werner Fassbinders. Eines der Stücke, die Fassbinder speziell für das *antiteater* geschrieben hatte, war seine Transformation des Iphigeniemythos. So sind Entstehung und Konzeption des Stücks eng mit dem alternativen Theaterprojekt *antiteater* verbunden, wie ein kleiner Exkurs in die Theatergeschichte zeigen soll.[196]

Die Eröffnung des von Horst Söhnlein und Ursula Strätz gegründeten Action-Theaters fand am 8. März 1967 in den umgebauten National-Lichtspielen in München mit der Aufführung von Eugène Ionescos *Jakob oder der Gehorsam* statt. Bereits im August schloss sich Fassbinder, von Peer Rabens Inszenierung der Sophokleischen *Antigone* beeindruckt, der Truppe an. Schon bei Rabens nächstem Projekt, der Inszenierung von Georg Büchners *Leonce und Lena*[197], trat Fassbinder als Schauspieler und Co-Regisseur auf. Er entwickelte sich rasch zu einer führenden Größe innerhalb des Münchner Underground-

---

[195] FASSBINDER, RAINER WERNER: Filme befreien den Kopf. Essays und Arbeitsnotizen, hg. von Michael Töteberg, Frankfurt am Main 1984, S. 101.

[196] Die Geschichte des antitheaters ist noch nicht ausführlich aufgearbeitet. Einführende Darstellungen zum Leben und Werk Fassbinders liefern kurze Einblicke. Im Folgenden orientiere ich mich weitgehend an TÖTEBERG, MICHAEL: Rainer Werner Fassbinder, Hamburg 2002, S. 33. Ungedruckt liegt ein 130-seitiges Typoskript eines Interviews unter dem Titel *Gruppen sind ja vieles. Gespräche mit Rainer Werner Fassbinder über das antiteater* vor, das Corinna Brocher 1973 mit Fassbinder geführt hatte, sie gemeinsam die Geschichte des antiteaters hatten aufarbeiten wollen.

[197] Premiere am 3. Januar 1967.

Theaters. Am 7. April 1968 kam dort mit dem *Katzelmacher* sein erstes eigenes Stück zur Uraufführung. Das Action-Theater stellte eine grelle, anarchistische, vom amerikanischen Living-Theatre[198] beeinflusste, Gegenwelt zum traditionellen Theaterbetrieb Münchens dar. In der Lokalpresse wird es sogar als „Living Theatre in der Müllerstraße" bezeichnet.[199] Beide Bühnen zeigten sich stark von praktischen und theoretischen Vorstellungen Antonin Artauds beeinflusst.[200] Innerhalb kürzester Zeit erreichte das kleine Theater, verachtet und gefeiert zugleich, einen enormen Bekanntheitsgrad. Die Verrisse durch die Presse nahmen zu, als es Mitte 1968 im Ensemble zu mehreren Gewaltexzessen kam.[201] Möglicherweise steht sogar die Schließung des Theaters am 6. Juni 1968 im Zusammenhang mit der Radikalisierung der Linken, obwohl offiziell Brandschutzbestimmungen angegeben worden waren. Zum einen war der Gründer des Theaters, Horst Söhnlein, mit Andreas Baader, Gudrun Ensslin und Thorwald Proll an den Frankfurter Brandanschlägen (2./3. April 1968) beteiligt und zum anderen nahmen Regisseure und Schauspieler des Action-Theaters während der Osterunruhen 1968 mit *Axel Caesar Haarmann* Stellung gegen die Notstandsgesetzte, staatliche Willkür und Axel Springer, der durch die Hetzkampagne seines Konzerns zum Attentat auf Rudi Dutschke (11. April 1968) beigetragen hatte. Die Einnahmen dieser Inszenierung kamen dem Sozialistischen Deutschen Studentenbund und Dutschke zugute.[202]
Im direkten Anschluss an die Schließung setzten die meisten der Beteiligten ihre gemeinsame Arbeit unter dem neuen Namen ‚antiteater' fort. Wie beim Vorgängerprojekt deutet bereits der Name inhaltlich und orthographisch die Einnahme einer Gegenposition zum konventionellen Theaterbetrieb an. Im *antiteater* wurde die politische Konzep-

---

[198] Das Living-Theatre wurde 1947 von der Piscator-Schülerin Judith Malina und dem expressionistischen Maler Julian Beck in New York gegründet. In den 60er Jahren gastierte die Truppe in zahlreichen europäischen Großstädten.
[199] G. S.: AntiGone, in: Abendzeitung vom 22. August 1967. Zit. nach TÖTEBERG, MICHAEL: Das Theater der Grausamkeit als Lehrstück. Zwischen Brecht und Artaud: Die experimentellen Theatertexte Fassbinders. In: Rainer Werner Fassbinder. Text und Kritik 103 (1989), S. 21.
[200] Vgl. ARTAUD, ANTONIN: Das Theater und sein Double, Frankfurt am Main 1969, bes. S. 95-107 und S. 79-88. Vgl. auch TÖTEBERG, Das Theater der Grausamkeit, S. 31.
[201] Heine Schoof stach mit einem Messer auf die Antigone-Darstellerin Marite Greiselis ein und verursachte so deren Querschnittslähmung. Horst Söhnlein zertrümmerte Bühne und Zuschauerraum zur Unspielbarkeit. In zahlreichen Interviews bezog Fassbinder die Eskalationen auf die extreme Art, mit der Theater am Action-Theater gemacht und verstanden wurde.
[202] Vgl. WATSON, WALLACE STEADMAN: Understanding Rainer Werner Fassbinder. Film as Private and Public Art, Columbia 1996, S. 50.

tion des Action-Theaters fortgesetzt, klassische Stücke gegen den Strich gebürstet und so für aktuelle politische Diskussionen fruchtbar gemacht. Fassbinder inszenierte „schnell realisierte Produktionen ohne Kunstanspruch, roh zusammengezimmerte Textcollagen und mit Brachialgewalt vorgenommene Klassiker-Bearbeitungen."[203] Einerseits aufgrund der Montagetechnik, mit der Fassbinder sich erbarmungslos literarischer Vorbilder bediente und andererseits aufgrund der die klassische Form sprengenden Dramaturgie, bezeichnete Benjamin Henrichs Fassbinders frühe, experimentelle Theatertexte als „Bastarde der Form"[204]. Ein Beispiel dafür ist Fassbinders *Iphigenie auf Tauris von Johann Wolfgang von Goethe*, mit der die Ära des *antiteaters* im Münchner Wirtshaus Witwe Bolte am 25. Oktober 1968 eingeleitet wurde.

4.2. Strategie der Mythostransformation

Der Titel *Iphigenie auf Tauris von Johann Wolfgang von Goethe* scheint eine originalgetreue Inszenierung von Goethes Drama unter der Regie von Rainer Werner Fassbinder zu implizieren. Bereits darin liegt ein gewisses Maß an Provokation, denn hätte er seine eigenwillige Transformation bereits paratextuell als solche kennzeichnen wollen, hätte er zumindest mit einem *nach Johann Wolfgang von Goethe* die transformative Differenz markieren können. Jedenfalls gibt der Titel den dominierenden prätextuellen Bezugspunkt an und suggeriert damit eine starke Goethenähe der Mythostransformation, hinter der antike Bezüge eher zurücktreten. Die Erwartungshaltung, die Fassbinder so aufbaut, wird brüsk verletzt, denn bis auf den Titel und die auftretenden Figuren Iphigenie, Thoas, Arkas, Orest und Pylades sind Entsprechungen oder Zitate eher dünn gesät. Die einzelnen Figuren sind in ihrem Rollenprofil nur knapp umrissen, sie stellen keine wirklichen Charaktere dar. Ebenso ist die szenische Situation nur mit wenigen Strichen skizziert.

---

[203] TÖTEBERG, Rainer Werner Fassbinder, S. 33.
[204] HENRICHS, BENJAMIN: Rainer Werner Fassbinder, in: Theater heute. Jahresheft 1972, S. 69.

Nach dem Vorbild von Peer Rabens *Antigone*-Inszenierung[205] hatte Fassbinder den Mythos in seiner Handlungsstruktur auf ein Minimum reduziert, das den von ihm diagnostizierten politischen Kern ausmacht. Die Quintessenz fasst Arkas, der als Erzähler und Kommentator auftritt, am Schluss des Theaterstücks zusammen:

> ARKAS: *Die Geschichte ist einfach. Jemand hält ein Mädchen gefangen. Weil er es liebt, meinetwegen. Ein anderer hat auch ein Interesse an dem Mädchen – kommt und versucht sie zu befreien. Aber der, der das Mädchen in seiner Gewalt hat, ist mächtiger. Er versteht es, den Widersacher im Zaum zu halten. Er besiegt ihn. Er kerkert ihn ein. Keiner wird frei sein. Das Mädchen wird dem Herrn weiter gehorchen, der Gefangene wird es auch tun, und sei es in zehn oder zwanzig Jahren. Die Geschichte ist einfach. Es geht um Macht, und einer hat sie. Natürlich. Der gibt sie nicht her.*[206]

Inhaltlich erfolgt eine starke Abweichung und Akzentverschiebung gegenüber den Prätexten. Es geht nicht mehr um die versöhnende Kraft der Humanität, sondern um die Analyse von Machtstrukturen und um das Scheitern derjenigen, die gegen die Macht aufzubegehren versuchen. Arkas' Zusammenfassung trifft im Bezug auf das Thema ‚Macht' den Kern des Stücks, wirft aber durch den Rekurs auf das gefangene Mädchen Fragen auf, da sich die Handlung stark von der Befreiung Iphigenies entfernt hat und es nur vordergründig um die Befreiung eines Mädchens aus der Gewalt des Tyrannen geht, denn weder Orest noch Pylades unternehmen in dieser Richtung Bemühungen. Es wird zu prüfen sein, inwieweit Iphigenie für die in männlicher Gewalt gefangene Frau steht und inwieweit sie allegorisch die durch Gefangenschaft pervertierte Freiheit verkörpert.

Durch einen interkontextuellen Verweis auf Fassbinders Iphigenielektüre im Deutschunterricht seiner eigenen Schulzeit[207] wird angezeigt, dass es sich in erster Linie um eine bildungs- und gesellschaftskritische Klassikertransformation handelt, in der die prätextuelle Vorlage des antiken Mythos keine Rolle mehr spielt. Goethe und die Rezeption seines Iphigeniedramas werden mit der unmittelbaren Zeitgeschichte,

---

[205] Vgl. ELSAESSER, THOMAS: Fassbinder's Germany. History Identity Subject, Amsterdam 1996, S. 45.
[206] FASSBINDER, RAINER WERNER: Iphigenie auf Tauris von Johann Wolfgang von Goethe, in: Ders.: antiteater. Fünf Stücke nach Stücken, Frankfurt am Main 1986, S. 27.
[207] FASSBINDER, Iphigenie, S. 11.

den Ereignissen um das Jahr 1968, konfrontiert und treten mit dieser in einen Dialog. Dies demonstrieren die Bezugnahmen auf die ‚Rote Bibel' Mao-Tse Tungs[208], Erika Runges *Bottroper Protokolle*[209], Flugblätter der Kommune I, den Berliner Kommunardenprozess und den Prozess gegen die Frankfurter Kaufhausbrandstifter als intertextuelle und interkontexuelle Verweisstrukturen.[210]

Die Zeit der Handlung ist nicht direkt festgelegt, liegt allerdings keineswegs in einer unbestimmten mythischen Vergangenheit, sondern ist durch intertextuelle und paratextuelle Verweise auf die Kultur der 60-er Jahre, die Faschismusdebatte, den Vietnamkrieg und die Studentenrevolte eng an die Entstehungszeit gebunden. Der Ort, an dem die Handlung spielt, könnte Tauris heißen. Indem Arkas seinen Aussagesatz *Orest und Pylades sind nach Tauris verschlagen worden?*[211] in einen Fragesatz überführt, scheint er sich auf die direkte Lokalisierung des Handlungsortes nicht festlegen zu wollen. Es spielt auch keine Rolle, ob das Stück tatsächlich auf Tauris spielt, denn *Tauris ist überall*.[212] Einerseits ist Tauris, geographisch gesehen, eine Insel im Schwarzen Meer, aber andererseits, und dies ebenfalls in Übereinstimmung mit den Prätexten, Symbol einer unfreien, tyrannischen, barbarischen Welt.

Erschwerend für eine Interpretation ist die Tatsache, dass das vorliegende Stück als Lesedrama eigentlich nicht rezipierbar ist.[213] Indem Fassbinder die einzelnen Rollen für bestimmte Schauspieler geschrieben hatte, ist das Stück unmittelbar an die Entstehungszeit geknüpft und ohne Kenntnis der Atmosphäre des *antiteaters* schwer zu erfassen.

> „Es ist unmöglich, sich einen Eindruck von Fassbinders Theaterarbeit zu verschaffen, wenn man die Stücke im Druck liest, da sie mit dem Gedanken an bestimmte Schauspieler und einen bestimmten Theaterstil geschrieben sind. Sie sind nicht dafür geschrieben, daß andere sie lesen oder

[208] MAO TSE-TUNG: Das Rote Buch. Worte des Vorsitzenden Mao Tse-Tung, hg. von Tilemann Grimm, Frankfurt am Main 1967.
[209] RUNGE, ERIKA: Bottroper Protokolle, Frankfurt am Main ⁵1970.
[210] Vgl. TÖTEBERG, Rainer Werner Fassbinder, S. 38.
[211] FASSBINDER, Iphigenie, S. 12.
[212] FASSBINDER, Iphigenie, S. 12.
[213] „Es gab keinen schriftlich fixierten Text, der Ablauf des Theaterabends erinnerte mehr an ein Happening, denn an eine konventionelle Vorführung." (TÖTEBERG, Das Theater der Grausamkeit, S. 21.)

spielen. Die Regieanweisungen sind darum sehr sparsam, und die meisten Stücke sind erst nach Fassbinders Tod in Buchform erschienen."[214]

Dieses Problem kann teilweise durch die Mitberücksichtigung der Hörspielbearbeitung des WDR 3 aus dem Jahr 1971 kompensiert werden, in der Fassbinder selbst die Regie führte und die Sprecher allesamt der ‚Fassbindertruppe' entstammen. Iphigenie wird von Hanna Schygulla gesprochen, Thoas von Kurt Raab, Arkas von Fassbinder selbst, Orest von Hans Hirschmüller und Pylades von Ulli Lommel. An einigen Stellen unterscheidet sich der im Druck vorliegende Text stark von der Hörspielbearbeitung. Die Dramaturgie des parallelen Sprechens, die das Stück kennzeichnet, ist lesend ebenso wenig zu erfassen, wie die musikalische Komposition Peer Rabens, die tragende Funktion besitzt. Durch Musik, polyphones Sprechen, Körpersprache und Zitatcollagen wird eine Reizüberflutung des Zuschauers erzielt, die ebenfalls in Atrauds Theaterkonzeption verankert ist.[215]

Im Folgenden sollen nun zwei Ebenen des durch den Gegensatz von Freiheit und Unterdrückung, Macht und Ohnmacht geprägten Dramas herausgearbeitet werden. Auf der einen, individuellen Ebene wird der Versuch angedeutet, Iphigenie aus ‚Tauris', also die unfreie Frau aus dem Unterdrückungsapparat männlicher Gewalt zu befreien. Auf der anderen, allgemeinen Ebene geht es um den Versuch, von linksintellektuellen Positionen der Infragestellung von Macht ausgehend, bestehende Machtstrukturen zu zertrümmern. Handlungsträger beider Ebenen sind Orest und vor allem Pylades, die eine Gegenwelt zum taurischen System verkörpern. Das Stück thematisiert so Befreiungsversuche auf zwei Ebenen und endet in doppeltem Scheitern.

---

[214] THOMSEN, CHRISTIAN BRAAD: Rainer Werner Fassbinder. Leben und Werk eines maßlosen Genies, übers. von Ursula Schmalbruch, Hamburg 1993, S. 70.

[215] Vgl. TÖTEBERG, Das Theater der Grausamkeit, S. 23. – In seinem ersten Manifest *Das Theater der Grausamkeit* fordert Artaud die Wiederbelebung der Körpersprache auf dem Theater: „Anstatt auf Texte zurückzugreifen, die als endgültig, als geheiligt angesehen werden, kommt es vor allem darauf an, die Unterwerfung des Theaters unter den Text zu durchbrechen und den Begriff einer Art von Sprache zwischen Gebärde und Denken wiederzufinden." (ARTAUD, Das Theater und sein Double, S. 96.)

4.2.1. *Iphigenie ist die pervertierte Freiheit*[216] – Ein Modell

IPHIGENIE: *Abermals weiß ich nichts von Freiheit,*
die man mir genommen hat und nie mehr wird geben
können, denn ich...[217]

Obwohl Tauris als Symbol und Insel der Repression weiter bestehen bleibt, erfolgt eine Translokation des Mythos in die Gegenwart und nach Deutschland. Dies wird im musikalischen Vorspiel durch das Zitieren der ersten Strophe der Nationalhymne – *Deutschland, Deutschland über alles*[218] – angedeutet. Iphigenie ist nicht mehr länger die Tochter des mykenischen Königs Agamemnon, sondern rein biographisch die Putzfrau aus Erika Runges *Bottroper Protokollen*, aus denen der folgende Passus mit geringen orthographischen Abweichungen wörtlich zitiert ist.

IPHIGENIE: *Ich bin aus Ostpreußen, aber ich bin schon lange hier, seit 24,*
da waren damals auch familiäre Dinge, die da bestimmten, daß meine El-
tern hier nachm Rheinland gezogen sind. Meine Schwester, die hatte je-
mand kennengelernt, und die haben hierhin geheiratet, und wie das dann
so bei Mutter ist, jetzt das Kind, das nicht mehr da, das fehlte am meisten.
Ich hatte fünf Geschwister, wenn sie lebten, wärens dreizehn gewesen...
Viel Kinder, viel Arbeit und wenig nachdenken. So war dat doch.[219]

Herabgesunken zum Objekt der perversen sexuellen Begierden Thoas', hat Fassbinders Iphigenie im Hinblick auf Goethe einen enormen Bedeutungs- und Autonomieverlust erlitten. Seit vielen Jahren unterdrückt, eingesperrt und gefangen, hat sie verlernt, was es bedeutet, frei zu sein. Dingsymbol der Unfreiheit Iphigenies ist ihr Käfig, in den sie zu Beginn des Stücks zurückgeht und in dem sie auch Orest und Pylades vorfinden. Während der Zeit ihrer Gefangenschaft hat sie die Fähigkeit des Sehens verlernt. *Ihre Augenlider verhängen die Sicht nach Licht.*[220] Diese Zustandsbeschreibung einer im Käfig Gefangenen fin-

---

[216] FASSBINDER, Iphigenie, S. 10.
[217] FASSBINDER, Iphigenie, S. 18.
[218] FASSBINDER, Iphigenie, S. 9. (Diese musikalische Anspielung auf fehlt im Hörspiel.) August Heinrich Hoffmann von Fallersleben verfasste 1841 das *Lied der Deutschen*. 1922 wurde die hier zitierte erste Strophe zur Nationalhymne, 1950 trat allerdings die dritte Strophe an ihre Stelle.
[219] FASSBINDER, Iphigenie, S. 18. – RUNGE, Bottroper Protokolle, S. 74.
[220] FASSBINDER, Iphigenie, S. 10f.

det ein Vorbild in Rainer Maria Rilkes Gedicht *Der Panther* in dem ebenfalls die schwerfällige Lichtdurchlässigkeit des Auges beim Gefangenen thematisiert wird.[221] Versuche Iphigenies, Emotionen und Sehnsucht in Worten oder Gesten auszudrücken, werden von Thoas und Arkas mit Verboten belegt. Parallel sprechen alle drei:

> IPHIGENIE: *Trauer, Tränen, Liebe, Freiheit, Leid, Sehnsucht, Blau, Rot, Weine, Musik, Licht,*
> *Trauer, Tränen, Blau, Rot, Musik, Licht.*
> ARKAS: *Alle Regungen verboten. Alle Regungen verboten. Alle Regungen verboten. Alle Regungen verboten. Alle Regungen verboten.*
> THOAS: *Verboten, verboten, verboten, verboten, verboten, verboten, verboten, verboten, verboten, verboten, verboten.*[222]

In unmittelbarem Anschluss an diese Szene thematisiert Iphigenie ihre Unfähigkeit, den Begriff von Freiheit ermessen zu können, da ihr auf Tauris der Nährboden dafür fehlt. *I don't know what I have to think about freedom. It is not possible to think about anything, I don't know. Death is freedom.*[223] Bereits die Verwendung des Modalverbs *have* markiert die Perversion der Freiheit. Vor diesem Hintergrund scheint der Iphigenie-Song, *Yphigeenie make me free*[224], voller Ironie, denn wie sollte Iphigenie, selbst unfrei und unwissend was Freiheit bedeutet, andere frei machen können? Iphigenies Reflexion über Freiheit mündet, durch einen Choral übergeleitet, in einer kannibalischen sexuellen Phantasie Thoas', der Iphigenie, parallel sprechend, mit kraftlosem Ekel begegnet. Obwohl Thoas sie anwidert, fügt sie sich in ihr Schicksal: *Der Tyrann ist ein Lustgreis. Die Tyrannei ist die Lust der Greise.*[225] Der Phantasie folgt eine sadistische sexuelle Handlung, bei der Thoas oniert, während er Iphigenie auspeitschen lässt. In dieser Szene wird der Einfluss von Artauds „Theater der Grausamkeiten"

---

[221] Insbesondere die erste und dritte Strophe des Gedichts thematisieren die Veränderung der Sehkraft im Zusammenhang mit Gefangenschaft. *Sein Blick ist vom Vorübergehn der Stäbe / so müd geworden, / daß er nichts mehr hält. / Ihm ist, als ob es tausend Stäbe gäbe / und hinter tausend Stäben keine Welt. // Nur manchmal schiebt der Vorhang der Pupille / sich lautlos auf –. Dann geht ein Bild hinein, / geht durch der Glieder angespannte Stille – / und hört im Herzen auf zu sein.* (RILKE, RAINER MARIA: Der Panther, in: Ders.: Gedichte, Frankfurt am Main [8]1996, S. 451.)
[222] FASSBINDER, Iphigenie, S. 10.
[223] FASSBINDER, Iphigenie, S. 11.
[224] FASSBINDER, Iphigenie, S. 14.
[225] FASSBINDER, Iphigenie, S. 11.

greifbar, das Fassbinders Frühwerk prägte.[226] Im Hörspiel kommentiert Arkas, dass anhand der Schreie und Bewegungen Iphigenies nicht erkennbar sei, ob sie Lust oder Schmerz empfinde. Dieser Kommentar fehlt in der Textfassung. Dabei könnte es sich um eine Streichung des Verlags oder eine Unvollständigkeit Fassbinders handeln, der für die Inszenierung grobe Konzepte verfasste, die im gemeinsamen Spiel erweitert, später für den Druck aber nicht nochmals überarbeitet wurden.

In Abweichung von den Prätexten bleibt die Anagnorisis der Geschwister aus und eine Begegnung wird nur vage angedeutet. An keiner Stelle ist explizit von Befreiung der Schwester oder der Rettung eines Heiligenbildes die Rede. Zur Profilierung Iphigenies werden zwei gegensätzliche Bilder einander gegenübergestellt: Zuerst beschreibt Pylades ein Iphigeniebild, das inhaltlich stark an Goethe erinnert. Die Stilisierung Iphigenies als reine, beinahe heilige Frau wird durch die musikalische Untermalung mit einem Choral ins Ironische gezogen. Etwas später setzt Thoas ein und stellt als Gegenbild eine stark sexualisierte Iphigenie vor. Dem *Feuer der reinen Seele* wird das *Feuer der großen Sinneslust* entgegengestellt.[227]

Auf der einen Seite erlebt Iphigenie das Männliche als Bedrohung, Vergewaltigung und Freiheitsberaubung:

> IPHIGENIE: *Das Mädchen weint am Morgen und trinkt seine Milch und vergisst den nächtlichen Löwen. Aber in der nächsten Nacht kommt aus der Ecke hinter dem Schrank ein anderer Löwe hervor und erfüllt das Zimmer mit der Schnauze und mit der Mähne. Und das Mädchen küßt ihn, wenn es auch zittert. Und zum Lohn verwandelt sich der Löwe in einen Prinzen.*[228]

Im hartnäckigen Hoffen auf den Prinzen im Löwen sehnt sich Iphigenie auf der anderen Seite nach Geborgenheit durch einen Mann, nach einem Leben in der traditionellen Frauenrolle, unfähig, als Frau Autonomie und eigene Wünsche zu behaupten:

---

[226] Vgl. TÖTEBERG, Das Theater der Grausamkeit, S. 20-34. Indirekt knüpft Fassbinder mit dieser Gewaltdarstellung auf der Bühne an Artaud an: „Ich schlage daher ein Theater vor, in dem körperliche, gewaltsame Bilder die Sensibilität des Zuschauers, der im Theater wie in einem Wirbelsturm höherer Kräfte gefangen ist, zermalmen und hypnotisieren." (ARTAUD, Das Theater und sein Double, S. 88.)

[227] FASSBINDER, Iphigenie, S. 14f.

[228] FASSBINDER, Iphigenie, S. 25.

IPHIGENIE: *Heiraten, einen Mann, der lieb zu mir ist, zärtlich und gut. Ich werde lustig sein, manchmal. Ist Glück konservierbar? Kein Glück der Welt ist konservierbar. [...] Ich sage es noch einmal. Einen Mann, der manchmal zärtlich zu mir ist und lieb. Ich halte unser Zuhause sauber und ordentlich. Ich koche Essen, bekomme Kinder, die mein Mann sich wünscht.*[229]

Iphigenie ist die Personifikation der pervertierten Freiheit. Sie ist eine Frau, die niemals wirklich frei sein kann.

4.2.2. Jedermann hat das Recht, sich seine Freiheit zu holen[230] – Ein Gegenmodell

PYLADES: *Wie kann es kommen, daß ein Mensch den anderen beherrscht. Wie kann es kommen, daß ein Mensch den anderen unterdrückt. Wie kann es kommen, daß ein Mensch Gewalt über den anderen hat.*[231]

Die Weltordnung, die Orest und Pylades repräsentieren ist die einer von dem Wunsch nach Frieden und Freiheit geprägten repressionsfreien Subkultur. Auf zwei inhaltlich und sprachlich markierten Ebenen stellen sie ein Gegenmodell zur taurischen, auf Repression basierenden Weltordnung dar. Auf der einen Seite, für die in erster Linie Orest steht, verstoßen sie gegen die gesellschaftliche Ordnung, indem sie ihre Homosexualität ausleben und Rauschmittel konsumieren. Sprachlich wird diese Seite durch Orests Gebrauch des bayrischen Dialekts markiert. Auf der anderen Seite, für die in erster Linie Pylades steht, sind sie redegewandte Intellektuelle, die eine Veränderung des bestehenden Systems anstreben. Sprachlich wird diese Seite durch Zitate aus Mao Tse-Tungs *Rotem Buch*[232] und aus zeitgenössischen Prozessen markiert.

Der erste Auftritt der beiden wird, im Hörspiel deutlicher erkennbar als im Text, durch den Übergang der Peitschenschläge und Schmer-

---

[229] FASSBINDER, Iphigenie, S. 26.
[230] FASSBINDER, Iphigenie, S. 18.
[231] FASSBINDER, Iphigenie, S. 20.
[232] Zur Steigerung seines Personenkultes hatte Mao 1966 mit Hilfe seiner Frau Jiang Qing seine wesentlichsten Gedanken in diesem Buch veröffentlicht, das schnell weltweite Verbreitung fand. Maos Gedanken wurden zu Leitsätzen der Mao-Anhänger.

zensschreie in eine süßliche Melodie dargestellt. Mit der Veränderung der Akustik erfolgt ein ‚Kameraschwenk'[233] vom Käfig zur Küste, an der sich beide, aus kurzem Schlaf erwacht, ebenfalls der Befriedigung ihrer sexuellen Lust hingeben. Zärtliche Liebesworte und die Aufforderung zum Tanz lassen in der Schwebe, ob es tatsächlich zum Geschlechtsakt kommt. Harmonische Musik und liebevoller Umgang der beiden Männer miteinander lassen die den Konventionen widersprechende, hier aber auf gegenseitiger Achtung basierende Homosexualität im Gegensatz zur Unterdrückung der Frau durch den perversen Mann als beispielhafte, idealere Form der Sexualität erscheinen. Pylades' Erinnerung an *Aulis*[234] wehrt Orest desinteressiert ab. *Is ja wurscht.*[235] Trotzdem ruft sie die mythologischen Prätexte kurz in Erinnerung und Arkas lässt einen ersten Schatten auf die trügerische Idylle fallen.

Mit seinen Riesenspiegeln hat Thoas, der Tyrann von Tauris, sie längst bemerkt. Noch lässt er ihnen Freiheit, die trügerische Freiheit, die die Mächtigen gewähren können. Denkt sich Thoas in seinem Kopf die schönste Folterung aus, wird er die beiden aufs Rad flechten lassen oder wird er sie einfach erdrücken wie lästige Fliegen?[236]

Die Folter stellt ein wichtiges Herrschaftsinstrument der politischen Praxis Thoas' dar. Zum einen ist Folter für Thoas sexuelle Stimulans, wie das Auspeitschen Iphigenies gezeigt hat, zum anderen hat sie die repressive politische Funktion, *ein Aufkommen der Gedanken an Revolution zu verhindern.*[237] Dieser zweite Aspekt wird vor allem in dem in der Textfassung nicht abgedruckten Gefängnis-Song am Ende des Hörspiels deutlich. Darin wird ein Gefangener möglicherweise zu Tode gefoltert.[238] Der männliche Sänger beschreibt wie ein schreiender

---

[233] An vielen Stellen ist auch in Theaterbearbeitungen Fassbinders der Filmregisseur zu erkennen. In seiner Regiearbeit waren beide Medien nie zu trennen: „Ich habe im Theater so inszeniert, als wäre es Film, und habe dann den Film so gedreht, als wär's Theater; das hab ich ziemlich stur gemacht." (PFLAUM, HANS GÜNTHER/FASSBINDER, RAINER WERNER: Filme müssen irgendwann einmal aufhören, Filme zu sein, in: Die Anarchie der Phantasie. Gespräche und Interviews, hg. von Michael Töteberg, Frankfurt am Main 1986, S. 51.)

[234] FASSBINDER, Iphigenie, S. 12.

[235] FASSBINDER, Iphigenie, S. 12.

[236] FASSBINDER, Iphigenie, S. 13.

[237] FASSBINDER, Iphigenie, S. 18.

[238] *Mhmmm.... Aus den andern Zellen hör ich Schreie, / prügeln die Wächter einen Gefangenen, / das darf es doch gar nicht geben. / Ein Schmerz hämmert in meinem Kopf, / mein Magen dreht sich, / ich seh' getrocknetes Blut an den Wänden, / sie schleppen einen durch den Gang, / er schreit – und dann ist er stumm. / Warum hat er aufgehört zu schreien? // Mhmmm.... In meiner Zelle sind Ratten, / sie*

Gefangener durch Gewalteinwirkung zum Verstummen gebracht wird und stellt so die Folter in ihrer Funktion als „beschleunigte Anpassung des Menschen an die Kollektive"[239] dar.

Die Gegensätzlichkeit beider Gesellschaftsentwürfe wird an zwei Stellen durch spontanes Brainstorming der Schauspieler angedeutet. Zuerst stellen Orest, Pylades, Arkas und Thoas in einer Stichomythie Freiheit und Unterdrückung einander gegenüber.[240] Wenig später legen Pylades und Arkas parallel sprechend in assoziativer Manier die Lebenskonzeptionen beider Systeme dar. Leben, wie Pylades es versteht, ist durch Spaß (*Vögeln, Flipper, Kino, Bier, Musik, Autos, Rolling Stones, Tanzen*[241]), durch politische Ideale (*Karl Marx*[242]) und Kultur (*Johann Sebastian Bach*243) geprägt. Arkas hingegen stellt all dies in Frage und lässt nur *Arbeit, Arbeit, Arbeit*[244] als anzustrebenden Lebensinhalt gelten.

Eine differenziertere Auseinandersetzung mit dem ‚taurischen System' erfolgt in einer Reflexion über Macht, in der Pylades die Legitimität der Alleinherrschaft anzweifelt, während Thoas durch die dümmlich anmutende ständige Wiederholung des Personalpronomens ‚ich' auf seinem Herrschaftsanspruch beharrt. Daraufhin legt Thoas die Unvereinbarkeit von Macht und Großmut dar. Macht, Siegeswille und Egoismus lassen sich ihm zufolge nicht mit Großmut verbinden, wie sie Thoas bei Goethe an den Tag gelegt hatte. *Großmut zeigt der Dumme [...]. Wer siegen will, muß hart sein, meine Kinder, wer siegen will, muß kälter sein als der Tod.*[245]

Der Diskussionsunfähigkeit Thoas' setzen Orest und Pylades Leitsätze aus dem *Roten Buch* Mao Tse-Tungs gegenüber, die zu Diskussion und Wahrnehmung fremder Gesichtspunkte aufrufen:

> PYLADES: *Sich sehr davor in acht nehmen, daß man überheblich wird. Das ist von prinzipieller Bedeutung und ist auch eine wichtige Vorausset-*

---

haben meine Schuhe zerfressen, / nachts kriechen sie über mein Gesicht. / Die schweren Schuhe der Wärter, / auf meinem Gang kommen sie näher, NÄHER! / Der Schlüssel wird ins Schloss gesteckt, / der Schlüssel dreht sich... / Help me mother / And God! (nach dem Hörspiel auf WDR 3 aus dem Jahr 1971.)

[239] ADORNO, THEODOR WIESENGRUND: Erziehung nach Auschwitz, in: Ders.: Gesammelte Schriften, Bd. 10,2. Kulturkritik und Gesellschaft II, Frankfurt am Main 1977, S. 684.

[240] FASSBINDER, Iphigenie, S. 19.

[241] FASSBINDER, Iphigenie, S. 20.

[242] FASSBINDER, Iphigenie, S. 21.

[243] FASSBINDER, Iphigenie, S. 21.

[244] FASSBINDER, Iphigenie, S. 21.

[245] FASSBINDER, Iphigenie, S. 20.

zung für die Erhaltung der Einheit. Auch wer keine schweren Fehler begangen hat und sogar große Erfolge in seiner Arbeit errungen hat, darf nicht überheblich werden. Wir müssen es lernen, die Probleme allseitig zu betrachten, nicht nur die Vorderseite der Dinge zu sehen, sondern auch ihre Kehrseite. Unter bestimmten Bedingungen kann Schlechtes zu guten Ergebnissen und Gutes zu schlechten Ergebnissen führen.[246]
OREST: *Probleme ideologischen Charakters, die im Volke entstehen, können nur mit der Methode der Demokratie, mit der Methode der Diskussion, Kritik, Überzeugung und Erziehung, nicht aber durch Zwangs- und Unterdrückungsmaßnahmen gelöst werden. Reden, Vorträge, Artikel und Resolutionen sollen einfach und klar sein und den Kern der Sache treffen. Man soll auch nicht zu lange Sitzungen abhalten.*[247]

In diesen politischen Positionen sieht Thoas eine akute Bedrohung für seine *freiheitliche Rechtsordnung,* die er, wenn nötig, mit *Lüge, Betrug und Haß* schützen will.[248] So erfolgt die Überleitung zum Prozess, der am Ende des Stücks steht, und dieses aufgrund seiner Mythosferne und zeitgeschichtlich-politischer Aktualität in zwei Komplexe teilt. Konsequenter als in den anderen Transformationen wird durch die Verurteilung von Orest und Pylades die Absage an Goethe erteilt. In interkontextueller Erweiterung wird dieser Prozess auf die Kaufhausbrandanschläge in Brüssel und Frankfurt und die zur Brandstiftung aufrufende Flugblattaktion der Berliner Kommune I bezogen. Als intertextuelle Quellen dafür dienen Flugblätter der Kommune I und weitere zeitgenössische Statements. Wie in den historischen Prozessen reagieren die Angeklagten ironisch und provozierend auf Vorwürfe der Justiz. Während Pylades argumentativ versucht, für ihre Sache einzutreten, fällt Orest sprachlich in seinen bayrischen Dialekt

---

[246] Intertextuell verweist diese Passage auf Leitsätze Maos: *Ein Kommunist darf auf keinen Fall rechthaberisch und arrogant sein und glauben, daß bei ihm alles gut und bei anderen alles schlecht sei. Er darf sich auf keinen Fall in ein Kämmerlein einschließen, große Töne spucken und den starken Mann markieren. [...] Ein Kommunist muß den Ansichten von Leuten außerhalb der Partei Gehör schenken und andere Menschen zu Wort kommen lassen. Sagen andere etwas Richtiges, sollten wir es begrüßen und ihre Vorzüge studieren. Sagen andere etwas Falsches, sollten wir sie dennoch zuerst aussprechen lassen und uns erst dann in aller Ruhe damit auseinandersetzen.* (zit. nach MAO, Das Rote Buch, S. 123.) *Man hüte sich vor Arroganz! Für jede Führungskraft ist das eine prinzipielle Frage und ein höchst wichtiger Faktor zur Aufrechterhaltung der Einigkeit. Auch ein Mann, der sich keine großen Irrtümer hat zuschulden kommen lassen und dessen Tätigkeit große Erfolge erzielt hat, soll nicht arrogant sein.* (Ebd. S. 62.)
[247] *Alle Fragen ideologischer Art und alle Streitfragen, innerhalb des Volkes können nur auf demokratischem Wege, auf dem Weg der Diskussion, der Kritik, der Erziehung durch Überzeugung gelöst werden, nicht durch Zwang und Unterwerfung.* (Ebd., S. 38.)
[248] FASSBINDER, Iphigenie, S. 22.

zurück und zweifelt an der Großmut der Mächtigen und an der Möglichkeit der Veränderung des Systems durch die Jugend.

> OREST: *Wann oans a Oiter hat, a bestimmts, na lernst nix mehra, und wann a sagt zu dir, recht host, glab mas, no schlogt er erst recht zrück. Oans konst mitnehma, ändern is schwer.*[249]

Anders als Orest beharrt Pylades auf dem Sinn ihrer Aktion. *Nicht sinnvoll soll sein, was ich tue? Nicht sinnvoll die Taten nach langen durchdachten Nächten. Glaub mir, Geliebter, es nützt.*[250] Die Urteilsverkündung zu Gefängnis- und Ordnungsstrafen der Beteiligten wird durch die explizite Erinnerung an den Schluss bei Goethe konterkariert:

> ARKAS: *Was sagt nun Thoas? Was sagt nun Thoas bei Goethe? Nicht unwert scheinst du, oh Jüngling, mir der Ahnherrn, deren du dich rühmst, zu sein. Aber groß ist die Zahl der edlen tapfren Männer, die mich mit ihren Waffen begleiten. Doch: So geht! Und: Lebt wohl.*[251]

In Abweichung von Goethes Thoas ist Thoas hier nicht zum direkten Zweikampf mit Orest bereit und zu Großmut nicht fähig. Durch die letzte Wiederholung des Rocksongs *We have seasons of fascists* wird die Unmöglichkeit der Goetheschen Lösung in einer Welt musikalisch markiert, in der Faschisten noch immer das Sagen haben. Ganz am Ende stehen Pylades' und Iphigenies Einsamkeit und Sehnsucht nach Zärtlichkeit, bevor Arkas die Quintessenz des Stücks zusammenfasst. Der Gefängnis-Song am Ende des Hörspiels verleiht dem Stück einen tragischen Ausgang, indem er Willkür und Gewalt der Justiz sowie die Verhältnisse in deutschen Gefängnissen anprangert.

---

[249] FASSBINDER, Iphigenie, S. 24.
[250] FASSBINDER, Iphigenie, S. 24.
[251] FASSBINDER, Iphigenie, S. 25. – THOAS: *Nicht unwert scheinest du o Jüngling mir / Der Ahnherrn deren du dich rühmst zu sein. / Groß ist die Zahl der edlen, tapfern Männer / Die mich begleiten, doch ich stehe selbst / In meinen Jahren noch dem Feinde, bin / Bereit mit dir der Waffen Los zu wagen.* (GOETHE, Iphigenie auf Tauris, V. 2058-2063.) THOAS: *So geht!* (Ebd., V. 2151.) THOAS: *Lebt wohl!* (Ebd., V. 2174.)

4.3. Funktion der Mythostransformation

4.3.1. ...*ein Drama von der Großmut der Mächtigen*[252] – Der Dialog mit Goethe

Neben dem Titel *Iphigenie auf Tauris von Johann Wolfgang von Goethe* deuten Zitate, Rolleninventar und direkte intertextuelle Bezugnahmen den Dialog mit Goethe an. Wie bereits oben erläutert, wurde der Prätext auf ein Minimum reduziert. Auf radikale Weise wertet Fassbinder Iphigenie ab, indem er sie zum Symbol *pervertierter Freiheit*[253] reduziert. Iphigenie, der es bei Goethe gelungen war, durch ihre Worte und Humanität Thoas, den Tyrannen von Tauris, zu rühren und seine Großmut zu wecken, ist bei Fassbinder in der passiven Rolle einer dem Mann hörigen Frau zu einem nahezu sprachlosen Objekt degradiert, unfähig, Veränderungen zu bewirken. Sie ist keine Opferpriesterin mehr, bekleidet also kein offizielles Amt, sondern ist lediglich die ‚Sexsklavin' des Tyrannen. Von Autonomie und Freiheit weiß sie nichts, so wirkt der Iphigenie-Song *Yphigeenie make me free*[254], der an die Befreiung Orests aus seinem Wahnsinn und an die Befreiung der Griechen von Tauris durch Iphigenie erinnert, hohl und ironisch. Sämtliche Redeanteile Iphigenies sind von Passivität gekennzeichnet und entsprechen an keiner Stelle der Goetheschen Vorlage. Bis auf Arkas, der bei Goethe eine Nebenrolle einnimmt und bei Fassbinder eine Erzählerfigur darstellt, rezitieren die anderen Figuren direkt oder indirekt aus Goethes Prätext.[255]
Durch den Verlust Iphigenies als Handlungsträgerin erfährt die Möglichkeit der klassischen Lösung ihre erste Erschütterung. Die zweite liegt darin, dass Thoas bei Fassbinder Prototyp eines nicht idealisierten, aus der Lebenswelt gegriffenen Mächtigen ist, der Großmut weit von sich weist. Die angestrebte Differenz der beiden Mythostransfor-

---

[252] FASSBINDER, Iphigenie, S. 11.
[253] FASSBINDER, Iphigenie, S. 10.
[254] FASSBINDER, Iphigenie, S. 14.
[255] Pylades verweist mit *Blau ist meine Sehnsucht* (FASSBINDER, Iphigenie, S. 12.) auf zwei Passagen bei Goethe: Erstens auf Iphigenies berühmten Vers, *das Land der Griechen mit der Seele suchend* (GOETHE, Iphigenie, I,1, V. 12.) und zweitens auf Pylades' Aussage *Des väterlichen Hafens blaue Berge / Seh ich Gefangener neu willkommen wieder [...].* (GOETHE, Iphigenie, V. I,2, 805f.) – Orest zitiert, wie wir später sehen werden, leicht gekürzt und verändert aus der Hadesvision Orests bei Goethe (FASSBINDER, Iphigenie, S. 14-17 – GOETHE, Iphigenie, III,2, V. 1258-1309). – An Thoas' Schlussworte wird bei Fassbinder durch Arkas erinnert. (FASSBINDER, Iphigenie, S. 25 – GOETHE, Iphigenie, V,6.)

mationen wird durch die Bezugnahme auf Fassbinders Goethelektüre deutlich:

> ARKAS: *Im Schulheft von Rainer Werner Fassbinder steht, Iphigenie auf Tauris ist ein Drama von der Großmut der Mächtigen. Neues Realgymnasium München, neunzehnhundertzweiundsechzig.*[256]

Während Arkas betont, dass Thoas, der Tyrann nicht großmütig, sondern grausam ist, verzweifelt Pylades, der als Handelnder und positiv Denkender am ehesten in der Tradition der Goetheschen Iphigenie steht, an der Unvereinbarkeit von Bild und Vorbild, von Lebenswirklichkeit und Theater.

> PYLADES: *Wem gilt das Recht. Was heißt Güte. Das Theater ist Lüge wie alles, das Theater kann eine schöne Lüge sein. Die Wut kann sich ausdrücken in Theater, das Unrecht kann man beim Namen nennen. Das Theater ist Lüge wie alles, das Theater kann eine schöne Lüge sein.*[257]

Die Lügenhaftigkeit, die Pylades dem Theater als Institution vorwirft, bezieht sich auf die Idealisierung und Wirklichkeitsferne der dramatischen Handlung, wie sie exemplarisch in Goethes Iphigenie vorgeführt wird. Die Figur des Pylades macht die mögliche Gefahr dieser Kombination deutlich. Im Glauben an die Großmut der Mächtigen und in der Verehrung Iphigenies als heiliges Vorbild[258] wird er zur Überschätzung der eigenen Kräfte und zur Unterschätzung der realen Gefahr, in der er sich befindet, verleitet. Pylades könnte einer sein, der an die Lösung Goethes geglaubt hatte und sein eigenes Handeln danach ausgerichtet hatte. Bei der Vorstellung des Doppelbildes Iphigenies sieht er selbst nur die Goetheseite, obwohl diese längst nicht mehr zutreffend ist, und der Iphigenie des vorliegenden Stücks als ,Sexsklavin' des Tyrannen zumindest Sex und Prostitution nicht mehr fremd sind. Pylades' Verzweiflung am Theater muss zusammen gesehen werden mit der Enttäuschung seines Idealismus am Ende:

---

[256] FASSBINDER, Iphigenie, S. 11.
[257] FASSBINDER, Iphigenie, S. 12f.
[258] Vgl. FASSBINDER, Iphigenie, S. 14f.
[258] FASSBINDER, Iphigenie, S. 24.

PYLADES: *Nicht sinnvoll soll sein, was ich tue?*[259]

PYLADES: *Einsam bin ich, ganz einsam. Wenn diese Scheinwerfer aus-*
gehn, legt sich die Nacht über mich, und meine Stimme hört niemand
mehr. [...] Gibt es Möglichkeiten, nach Neuem zu forschen? Die Pfade des
alten Bekannten zu verlassen, die man für sich als richtig erkannt zu ha-
ben glaubt.[260]

Der Charakter des Pylades, der bei Goethe und Euripides den listen-
reichen Odysseus zum Vorbild hatte, erfährt bei Fassbinder eine mora-
lische Aufwertung und verschmilzt graduell mit Goethes Iphigenie. In
Pylades wird der Wunsch nach einer humanen Gesellschaft mit An-
sätzen terroristischer Gewalt verbunden. Dennoch gelingt es ihm
nicht, die Mächtigen zu erreichen und eine friedliche Lösung herbeizuführen. Am Ende steht die Verurteilung zu einer Gefängnisstrafe.
Hinter dieser für den politischen Bereich zentralen Figur des Pylades
verblasst Orest, der zwar aus demselben politischen Lager stammt, je-
doch viel pessimistischer und resignativer ist. Indem Orest für den
Konsum von Drogen und das Ausleben homosexueller Neigungen die
zentrale Repräsentationsfigur darstellt, verkörpert er eine andere Seite
des Aufbegehrens gegen Obrigkeiten und Konventionen. Beide Männer haben Anteil an beiden Seiten. Im Hinblick auf die Homosexualität der beiden wurde die bei Goethe angelegte starke Männerfreund-
schaft zwischen Orest und Pylades in den sexuellen Bereich übersti-
gert. Neben der Ausschmückung der Homosexualität nehmen erzähl-
ter und praktizierter Drogenkonsum auf der Bühne einen verhältnis-
mäßig großen Raum ein. Bereits in der ersten Szenenanweisung wird
angegeben, dass alle Darsteller rauchend und Bier trinkend die Bühne
betreten.[261] Die einzige direkte Wendung an Iphigenie ist Orests Aufforderung an Pylades: *Gib ihr a Zigarettn und mir aa. Na schaugt ois*
andas aus.[262] Damit meint er Zigaretten, *von dene, wo ich nacha*
d'Farben hör und Musik siech.[263] Nach dieser Aufforderung beginnt
der längste Drogenexkurs des Stücks, der weitgehend durch wörtli-
ches Zitieren die Hadesvision Orests nach der Vorlage Goethes auf-
nimmt. Orest ist der Vorsprecher, alle anderen, ausnahmslos welcher

---

[259] FASSBINDER, Iphigenie, S. 24.
[260] FASSBINDER, Iphigenie, S. 26.
[261] FASSBINDER, Iphigenie, S. 9.
[262] FASSBINDER, Iphigenie, S. 15.
[263] FASSBINDER, Iphigenie, S. 13.

Seite sie angehören, wiederholen einzelne Satzfetzen und geben sich der Berauschung durch Marihuana hin. Welche Funktion könnte diese Passage haben? Der Wahnsinn Orests ist inhaltlich für Fassbinders Transformation unbedeutend und die Bezüge zur griechischen Mythologie und zum Geschlecht des Atreus wirken überflüssig. Es könnte sich um eine Kultstelle der *antiteater*-Inszenierung handeln, in der Schauspieler und Zuschauer ihre gesellschaftliche Antihaltung durch den gemeinschaftlichen Konsum von Drogen feierten.

4.3.2. …ein Drama vom Sieg der Mächtigen – Die zeitgeschichtliche Dimension

> ARKAS: *Hat er nicht alles getan, ein Aufkommen der Gedanken an Revolutionen zu verhindern? Hat er nicht auf eine bestimmte Art erziehen lassen, was jetzt die Hand gegen ihn erhebt?*[264]

In Entsprechung zum Zeitgeist des Jahres 1968 vereinigt die im Theaterstück geäußerte Gesellschaftskritik Rebellion auf moralischer, sexueller und politischer Ebene. Aus diesem Grund ist es ein eindrückliches Dokument seiner Entstehungszeit.
Fassbinders Transformation des Iphigeniemythos weist Züge eines in die Leere weisenden Lehrstücks auf, bei dessen Bearbeitung Artauds Theorie des Theaters der Grausamkeit mit Brechts epischem Theater konfrontiert wird. Der literarische Stoff dient als „Modell", „gesellschaftliche Mechanismen zu exemplifizieren."[265] Dabei kommt der Thematisierung von Freiheit und deren Repression durch Staatsgewalt und Exekutive eine Schlüsselrolle zu. Damit reiht sich Fassbinder in den literarischen Diskurs der Terrorismusdebatte ein, für den vor allem Heinrich Böll, Erich Fried und Wolf Biermann repräsentativ sind. Die im Stück geäußerte Gesellschaftskritik setzt bei der Rezeption von Goethes Schauspiel *Iphigenie auf Tauris* an, in dem Fassbinder zufolge die autoritäre Erziehung greifbar wird, die echte Demokratie gefährdet. In der Hinterfragung des autoritären deutschen Bildungssystems, Adorno zufolge eine Wurzel des Faschismus,[266] ist der politi-

---

[264] FASSBINDER, Iphigenie, S. 18.
[265] TÖTEBERG, Das Theater der Grausamkeit, S. 24.
[266] „Die einzig wahrhafte Kraft gegen das Prinzip von Auschwitz wäre Autonomie, wenn ich den Kantischen Ausdruck verwenden darf; die Kraft zur Reflexion, zur Selbstbestimmung, zum Nicht-Mitmachen." (ADORNO, Erziehung nach Auschwitz, S. 679.)

sche und gesellschaftskritische Ansatzpunkt der Klassikertransformation zu sehen: Wenn Schülern der Lehrsatz *Iphigenie auf Tauris ist ein Drama von der Großmut der Mächtigen*[267] eingeprägt wird, werden sie zu Systemkonformität und Anerkennung der ‚großmütigen' Autoritäten erzogen und jegliches kritisch-reflektorisches Potential unterdrückt. Absolventen eines derartigen Bildungssystems entsprechen den Anforderungen eines Thoas und stellen dessen *freiheitliche Rechtsordnung*[268] nicht in Frage. Eine Gegenposition dazu verkörpern Orest und Pylades, die, aus dem System hervorgegangen, das autoritäre Erziehungsmodell verurteilen und die *freiheitliche Rechtsordnung*, die der Staat für sich beansprucht, in Frage stellen. Mit ihrer Kritik fordern sie das System dazu heraus, sein wahres Gesicht zu offenbaren, das zeigt, dass jedes autoritäre System letzten Endes auf Gewalt basiert und möglichen Kritikern, wenn sie zu bedrohlich werden, mit Gewalt gegenübertritt.

> „Dem Schlagwort des Aufbruchs ‚mehr Demokratie wagen' stand das Primat der ‚inneren Sicherheit' diametral entgegen, welches jegliche Gesellschaftskritik dem Umsturzvorwurf aussetzte."[269]

Das System des Thoas basiert auf der Unterdrückung freier Meinungsäußerung zur Sicherung des Status quo und weist darin strukturelle Ähnlichkeiten zum innenpolitischen und juristischen Umgang von rechter und linker Gewalt in Deutschland in den 60er und 70er Jahren auf.

> „Die Fortsetzung undemokratischer Traditionen dokumentiert allein schon die Grundwerte-Diskussion der Parteien, insofern sie lediglich auf die politische Legitimation des Status quo hinauslief, wobei der Freiheitsbegriff von rechts umgewertet wurde: die Freiheit der individuellen Meinung transformierte zur Freiheit des Kapitals und Konsums, was die Warenzirkulation über das Menschliche stellte."[270]

Die Rebellen Orest und Pylades spiegeln politische Aktivisten aus dem Umfeld der Studentenrevolte. Besonders deutlich im Text mar-

---

[267] FASSBINDER, Iphigenie, S. 11.
[268] FASSBINDER, Iphigenie, S. 22.
[269] SCHINDLER, STEPHAN: Bombige Bücher. Literatur und Terrorismus (1967-1977), in: Wendezeiten – Zeitenwenden. Positionsbestimmungen zur deutschsprachigen Literatur 1945-1995, hg. von Robert Weninger und Brigitte Rossbacher, Tübingen 1997, S. 61.
[270] SCHINDLER, Bombige Bücher, S. 61.

kiert sind Bezüge zu Mitgliedern der Berliner Kommune I und zu Beteiligten der Kaufhausbrandanschläge vom 2./3. April 1968. Insbesondere der Gerichtsprozess, in dem Thoas und sein Justizapparat am Ende des Theaterstücks Orest und Pylades zu Freiheitsstrafen verurteilen, hat mit den Gerichtsprozessen gegen Rainer Langhans und Fritz Teufel einerseits und gegen Andreas Baader, Horst Söhnlein, Thorwald Proll und Gudrun Ensslin andererseits interkontextuelle Vorlagen von zeitgeschichtlich-politischer Aktualität. Durch diese Bezugnahmen unterstreicht Fassbinder die Absage an die klassisch-utopische Lösung Goethes. Zu Beginn der Anklage bezieht sich Thoas in der Rolle des Staatsanwaltes mit der Frage *Wenn in Brüssel oder Berlin zweihundert oder dreihundert Menschen umkommen – sind Sie innerlich ernsthaft davon überzeugt, daß sich in Vietnam dann etwas ändert?*[271] auf den Prozess gegen die Kommunarden Teufel und Langhans, die mit der Verteilung von zwei Flugblättern an der FU Berlin am 24. Mai 1967 zu Brandanschlägen als politischem Fanal gegen den Vietnamkrieg in Deutschland aufgerufen hatten. Vorbild dafür war der Brandanschlag auf das Brüssler Kaufhaus ,A l'Innovation' am 22. Mai 1967, bei dem 300 Menschen ums Leben gekommen waren. Im Flugblatt der Kommune I unter dem Titel *Wann brennst du, Konsument?* heißt es:

Ein brennendes Kaufhaus mit brennenden Menschen vermittelte zum erstenmal in einer europäischen Großstadt jenes knisternde Vietnamgefühl (dabeizusein und mitzubrennen), das wir in Berlin bisher noch missen müssen.[272]

Auf Thoas' Frage erklärt Pylades verschiedene Formen und Stufen des politischen Protests. Terroristische Anschläge auf Kaufhäuser mit zahlreichen potentiellen Opfern sind für ihn eine letzte Möglichkeit, gegen politische Gewalt, wie zum Beispiel den Vietnamkrieg, einzuwirken. Mit dem Verweis auf den 2. Juni 1967, den Tag, an dem Benno Ohnesorg bei der Anti-Schah-Demonstration in Westberlin durch die Schüsse eines Polizisten getötet wurde, zeigt er die Sinnlosigkeit des friedlichen Widerstandes gegen einen auf Gewalt basierenden

---

[271] FASSBINDER, Iphigenie, S. 23.
[272] Flugblatt der Kommune I vom 24. Mai 1968 mit dem Titel *Wann brennst du, Konsument?* (Zit. nach dem Faksimileabdruck in PROLL, THORWALD/DUBBE, DANIEL: Wir kamen von einem anderen Stern. Über 1968, Andreas Baader und ein Kaufhaus, Hamburg 2003, S. 8.)

Staat auf. In einem dritten Punkt plädiert er dafür, die Autoritäten lächerlich zu machen und zitiert damit ganz allgemein aus der Lebenswirklichkeit der 68er und im Speziellen aus dem zweiten Flugblatt der Kommune I unter dem Titel *Wann brennen die Kaufhäuser?*:

Ob leere Fassaden beworfen, Repräsentanten lächerlich gemacht wurden, die Bevölkerung konnte nur Stellung nehmen durch spannende Presseberichte. Unsere Belgischen Freunde haben endlich den Dreh heraus, die Bevölkerung am lustigen Treiben in Vietnam wirklich zu beteiligen: sie zünden ein Kaufhaus an, dreihundert saturierte Bürger beenden ihr aufregendes Leben und Brüssel wird Hanoi.[273]

Das Lächerlichmachen der Repräsentanten staatlicher Autorität findet im Verhalten der Angeklagten während der Prozesse gegen Langhans und Teufel einerseits und gegen die Kaufhausbrandstifter Baader, Ensslin, Proll und Söhnlein andererseits zeitgeschichtliche Entsprechungen.[274] Das Aufgreifen von Mao-Zitaten durch Orest und Pylades spielt nicht allein auf die starke Mao-Rezeption der Linken im Jahre 1968 an, sondern zitiert gleichzeitig aus dem am 14. Oktober 1968 begonnen Brandstifter-Prozess, während dessen Thorwald Proll mit einer Zigarre im Mund die erste Seite der ‚Roten Bibel' empor hielt.
Die Einarbeitung dieser Details in Fassbinders Iphigenietransformation, die am 28. Oktober 1968 zur Uraufführung kam, veranschaulicht deutlich die Spontaneität und die direkte Zeitbezogenheit, mit der am *antiteater* gearbeitet wurde. Darüber hinausgehend sind Veränderungen, die im Hörspiel von 1971 vorgenommen wurden, für den direkten Reflex der Zeitgeschichte in der Mythostransformation Fassbinders erhellend. Mit der Hinzufügung des Schlusssongs wird der Aspekt der Folter im Stück stark ausgebaut. Dies könnte eine Reaktion auf die Einführung der Isolationshaft in der Bundesrepublik sein.[275]
Polemisch und provokativ klagt das Stück in der Gesamtschau die Falschheit des idealen Menschenbilds Goethes, die Goetherezeption und Verfassung der BRD an. Die Rezipienten werden darüber aufge-

---

[273] Flugblatt der Kommune I vom 24. Mai 1968 mit dem Titel *Wann brennen die Kaufhäuser?* (Zit. nach http://www.rafinfo.de/archiv/texte/kom1.php (23 .9.2003))

[274] Vgl. Schlusswort Thorwald Prolls im Frankfurter Kaufhausbrandprozess. PROLL, THORWALD: *Vor einer solchen Justiz verteidigen wir uns nicht!*, in: Wir kamen von einem anderen Stern, S. 105-116.

[275] Auf die Einführung der Isolationshaft und vor allem auf die psychischen und physischen Konsequenzen die sich daraus für die Gefangenen ergeben weist SCHINDLER, Bombige Bücher, S. 63ff. hin. Vgl. auch ENZENSBERGER, HANS MAGNUS (Hg.): Folter in der BRD. Zur Situation politischer Gefangener, in: Kursbuch 32 (1973).

klärt, dass am Ende immer der Mächtige siegen wird, dem Großmut denkbar fern liegt. Der resignierte Ton des bayrisch sprechenden Orest scheint eine Projektion von Fassbinders eigener, geschichtspessimistischer Haltung zu sein. Die Resignation des Pylades am Ende verweist darauf, dass letztendlich auch diejenigen schweigen werden, die an die Kraft der Veränderung geglaubt hatten.[276] Nie hat „Fassbinder [...] die Illusion der Studentenbewegung geteilt: Dem Fortschrittsoptimismus der Linken hat er immer misstraut; sein pessimistisches Weltbild bewahrte ihn vor der damals grassierenden Revolutionsromantik."[277]

---

[276] FASSBINDER, Iphigenie, S. 26.
[277] TÖTEBERG, Das Theater der Grausamkeit, S. 23.

5. Jochen Berg – *Im Taurerland*

5.1. Von Ostberlin nach Stuttgart – Spielverbot in der DDR

Im Taurerland stellt den entstehungsgeschichtlich ersten Teil einer bis 1985 zur Tetralogie angewachsenen Auseinandersetzung des Ostberliner Dramatikers Jochen Berg mit dem Mythos der Tantaliden dar.[278] Die beiden Atridendramen *Im Taurerland* und *Klytaimnestra* werden von einem am Beginn der Tetralogie stehenden *Niobe*-Drama und einem die Tetralogie beschließenden Satyrspiel, *Niobe am Sipylos,* eingerahmt. Diese Konstruktion basiert auf der Aufführungspraxis antiker Agone, bei denen die Tragiker einen meist inhaltlich zusammenhängenden Zyklus von drei Tragödien mit einem Satyrspiel abschlossen.[279] In Bergs Tetralogie sind die einzelnen Stücke äußerlich durch die Genealogie der Tantaliden miteinander verknüpft. Diese Kombination stellt eine mythen-transformatorische Neuerung dar und besitzt gewissen Originalitätswert. Die in den drei Tragödien separat auftretenden Figuren des Niobe- beziehungsweise Atridenmythos begegnen sich im Satyrspiel am Sipylos in Metamorphosen der Götter Apoll und Dionysos.

Obwohl sich Jochen Berg bereits in den *Phönizierinnen* mit der griechischen Mythologie beschäftigt hatte, weist er im Gespräch die Faszination am Mythos oder die Indienstnahme des Mythos als verschlüsselte Form politischen Sprechens in der DDR für sich zurück.[280] Entgegen dieser Selbsteinschränkung scheint Bergs Auseinandersetzung mit dem Mythos Iphigenie Heiner Müllers Aussage über den Umgang mit Mythologie in der Literaturproduktion der DDR zu ent-

---

[278] Es liegt keine offizielle, im Buchhandel erhältliche Edition der Tetralogie vor. Erstmals abgedruckt wurden die einzelnen Stücke in Theaterzeitschriften der DDR. *Im Taurerland,* in: Theater der Zeit 33 (1978) 5, S. 58-64; *Niobe,* in: Sinn und Form 33 (1981) 4, S. 780-808; *Klytaimnestra,* in: Neue Deutsche Literatur 38 (1988), S. 113-129. Im Jahr 1982 wurde *Im Taurerland* in Berlin unter dem Titel *Iphigeneia* veröffentlicht. In der BRD wurde die Tetralogie 1985 in der Edition Vogelmann veröffentlicht. Meiner Untersuchung liegen die Ausgaben des Drei Masken Verlags München zugrunde. BERG, JOCHEN: *Im Taurerland,* München 1979. – *Klytämnestra,* München 1983. – *Niobe,* München 1981. – *Niobe am Sipylos,* München 1983.
[279] SEECK, Die griechische Tragödie, S. 59. Vgl. auch ZIMMERMANN, BERNHARD: Die griechische Tragödie. Eine Einführung, München 1992. – Einen guten Überblick über in antike Gattung des Satyrspiels bietet KRUMEICH, RALF/PECHSTEIN, NIKOLAUS/SEIDENSTICKER, BERND: Das Satyrspiel, Darmstadt 1999, bes. S. 1-40. In seiner Einleitung zum Sammelband betont Seidensticker den geringen Anteil des Satyrspiels in der Antikenrezeption der europäischen Moderne.
[280] s von Christine Hermann mit Jochen Berg am 20. 8. 2003 in Berlin.

sprechen, in der er den Modellcharakter des Mythos als Form des politischen Sprechens deutlich macht. „[I]n den frühen sechziger Jahren konnte man kein Stück über den Stalinismus schreiben. Man brauchte diese Art von Modell, wenn man die wirklichen Fragen stellen wollte."[281] Hatte die Rezeption der griechischen Mythologie über die 60er Jahre hinausgehend in der DDR weiterhin modellhafte Funktion, um auch nach der Entstalinisierung noch Kritik an Staat und Gesellschaft zu üben oder doch zumindest über den Mythos die eigene Zeitgeschichte zu reflektieren? Antikenprojekte weiterer DDR-Autoren wie Christa Wolf und Stefan Schütz legen dies nahe.[282]

Der erste Versuch, *Im Taurerland* 1977 am Deutschen Theater unter der Regie von Alexander Lang aufzuführen, wurde bereits während der Proben durch eine vom Zentralkomitee an den Intendanten Gerhard Wolfram gerichtete ‚Empfehlung' vereitelt. Danach wurde in der DDR kein weiterer Versuch mehr unternommen, den Theatertext zu inszenieren. Dieses Schicksal teilt die Tetralogie mit weiteren Bühnenwerken Bergs, von denen zu DDR-Zeiten keines am Deutschen Theater, für das Berg von 1974 bis zu seiner Kündigung durch Dieter Mann nach der Wende als Hausautor tätig war, zur Aufführung gekommen ist. Bis heute wurden die vier Stücke noch nie als Tetralogie zusammenhängend gespielt, kamen allerdings in loser Abfolge zwischen 1982 und 1985 am Württembergischen Staatstheater Stuttgart unter der Regie des umstrittenen „Klassiker-Killers"[283] Hansgünther

---

[281] „Ich glaube an Konflikt. Sonst glaube ich an nichts." Heiner Müller im Gespräch mit Sylvère Lotringer (1982), in: Heiner Müller. Gesammelte Irrtümer 1. Interviews und Gespräche, ²Frankfurt am Main 1991, S. 98.

[282] Ausgewählte Beispiele sind die beiden Antikenromane von CHRISTA WOLF (*Kassandra*, 1983 und *Medea*, 1996) und Antikenprojekte von STEFAN SCHÜTZ (*Odysseus's Heimkehr*, 1972; *Antiopi und Theseus*, 1974; *Flugblätter*. *Laokoon*, 1979, Prosa; *Ikarus und Daedalus*, 1980; *Medusa*, 1980; *Iokaste Felsen am Meer*, 1984; *Spectacle Cressida*, 1984; Bearbeitung von Euripides' Bakchen 1987 und *Orestobsessionen*, 1988). – Eine gute Übersicht zum Umgang mit antiker Mythologie in der Theaterpraxis der DDR bis Mitte der 1970er Jahre bietet TRILSE, CHRISTOPH: Antike und Theater heute. Betrachtungen über Mythologie und Realismus, Tradition und Gegenwart, Funktion und Methode, Stücke und Inszenierungen, Berlin/Ost 1975; bis Ende der 1980er PROFITLICH, ULRICH: Dramatik in der DDR, Frankfurt am Main 1987 und bis zur Wiedervereinigung HASCHE, CHRISTA/SCHÖLLING, TRAUTE/FIEBACH, JOACHIM: Theater in der DDR. Chronik und Positionen, Berlin 1994.

[283] Bereits die Inszenierung von Schillers *Don Carlos*, mit der Hansgünther Heyme 1979 die Nachfolge Klaus Peymanns in Stuttgart antrat, rief scharfe öffentliche Kritik hervor. Der Stuttgarter Oberbürgermeister Rommel bezeichnete seine Arbeit als „Katastrophe". Heymes Inszenierungen sind politisch, didaktisch und volksnah. Seit 1991 ist er Leiter der Ruhrfestspiele in Recklinghausen. Noch immer dominiert die aktualisierende Bearbeitung von mythologischen Stoffen und Klassikern sein Schaffen. Als Schüler Erwin Piscators stand Heyme in intensivem Kontakt mit DDR-Dramatikern. (Vgl. http://www.wdr.de/tv/kulturweltspiegel/20000507/2.html.) Einen Einblick in das Schaffen von Hansgünther Heyme bietet ERKEN, GÜNTHER: Hansgünther Heyme, Frankfurt am Main 1989.

Heyme zur Uraufführung. *Iphigenie* [i.e. *Im Taurerland*] am 9. Januar 1982[284], *Niobe* am 22. Oktober 1983[285], *Klytaimnestra* am 12. Februar 1983[286] und *Niobe am Sipylos* am 7. Juli 1985[287]. Mit Heyme und dem Stuttgarter Theater stand Berg bereits seit der Inszenierung seiner Übersetzung der *Phönizierinnen* des Euripides am 30. April 1981[288] in Kontakt.[289] Margit Carstensen spielte in allen Stücken die weibliche Hauptrolle. Als Mitglied der Fassbinder-Truppe[290] und enge Vertraute Bergs[291] stellt die Schauspielerin ein Bindeglied zwischen beiden Dramatikern dar.

5.2. Strategie der Mythostransformation

Bereits der Titel *Im Taurerland*, in dem der Name Iphigenies nicht genannt wird, markiert einen wesentlichen Unterschied zu den Prätexten, in denen die Differenzierung zwischen der griechischen Iphigenie und den barbarischen Taurern bereits paratextuell angelegt ist. Bei Berg wird die einstige Titelheldin „dem Land der Taurer unterstellt."[292] Zwar entsprechen die Grundkonstellationen weitgehend de-

---

[284] Mitarbeit Regie: Jürgen Esser, Brigitte Maier; Darsteller: Margit Carstensen (Iphigenie), Walter Kreye (Thoas), Reent Reins (Orest), Wolfgang Hinze (Pylades), Oliver Nägele (Barabas); Musik: Ulrich Gumpert; Bühnenbild/Kostüme: Hansgünther Heyme. Angaben nach ERKEN, Hansgünther Heyme, S. 147.

[285] Realisation: Margit Carstensen, Ulrich Bohnefeld, Hansgünther Heyme; Darsteller: Margit Carstensen, Hansgünther Heyme. Angaben nach ERKEN, Hansgünther Heyme, S. 149f.

[286] Darsteller: Margit Carstensen (Klytaimnestra, Kassandra), Hansgünther Heyme (Soldat, Aigisthos, Agamemnon, Orest). Vgl. Programmheft zur Uraufführung.

[287] Realisation: Wolf Münzer, Wolf-Siegfried Wagner; Mitarbeit Regie: Peter Geipel, Andreas Jander; Darsteller: Margit Carstensen, Hansgünther Heyme, Peter Kaghanovitch; Musik: Ulrich Gumpert;. Angaben nach dem Programmheft zur Uraufführung.

[288] Mitarbeit Regie: Paul Schalich, Barbara Esser, Ingo Langner; Darsteller: Margit Carstensen (Iokaste), Fritz Lichtenhahn (Kreon), Wolfgang Robert (Oidipus), Benno Ifland (Polyneikes), Reent Reins (Eteokles), Angelika Bissmeier (Antigone), Oswald Fuchs (Teiresias) u.a.; Chöre: Werner Haentjes; Bühnenbild: Wolf Vostell. Angaben nach dem Programmheft zur Uraufführung und ERKEN, Hansgünther Heyme, S. 146.

[289] Vgl. HEYME, HANSGÜNTHER: Hamlet, Phönizierinnen, Stuttgart 1982.

[290] Margit Carstensen spielte in folgenden Verfilmungen und Theaterinszenierungen Fassbinders meist in der Hauptrolle mit: *Das Kaffeehaus* (1970), *Die bitteren Tränen der Petra von Kant* (1972), *Martha* (1973), *Der Müll, die Stadt und der Tod oder Frankenstein am Main* (1975), *Chinesisch Roulette* (1976), *Satansbraten* (1976), *Berlin Alexanderplatz* (1980).

[291] Gespräch von Christine Hermann mit Jochen Berg am 20. 8. 2003 in Berlin.

[292] PREUßER, HEINZ-PETER: Die Iphigenien. Zur Metamorphose der ‚unerhörten Tat'. Euripides – Goethe – Berg – Braun, in: Mythen in nachmythischer Zeit. Die Antike in der deutschsprachigen

nen der Prätexte von Goethe und Euripides, die im Dramentext durch direkte oder umschreibende Zitate an vielen Stellen in aller Deutlichkeit präsent sind, doch erteilt Berg gerade auf diese Weise seinen Vorgängern eine Absage. Wie bei Goethe gelingt es Iphigenie, den ihr gewogenen taurischen Herrscher Thoas weitgehend zum Verzicht auf Menschenopfer zu bewegen. Nach der Ablehnung seines Heiratsantrags droht dieser mit der Wiedereinführung der Menschenopfer. Die dramatische Handlung spitzt sich zu, als Fremde an der Küste von Tauris landen und Orest, wie bei Euripides, in seinem Wahnsinn taurische Rinder niedermetzelt. Die Fremden werden vor den Herrscher geführt und an ihnen soll nach einer langen Zeit der alte Brauch wieder durchgeführt werden. In einer Vision erinnert sich Iphigenie an das Tauris vor ihrer Ankunft:

Es stieß Thoas einen Stahl ins helle
Fleisch des unbekümmerten, und aus
Der Wunde raucht Gestank verfaulter Köpfe,
Die rings auf Pfählen diesen Tempel zieren.
Vögel werden Lippen von den Mündern
Pflücken und der Geruch verwester Hirne
Wird den heiteren Himmel schnell vergiften
Es wird sein, wie es war, als ich
Kam.[293]

Wie bei Euripides und Goethe erfolgt auf Tauris die Anagnorisis der Geschwister, wobei Pylades die Redeanteile Orests übernimmt, da dieser in einem Zustand sprachunfähigen Wahnsinns verharrt. Pylades, dessen Egoismus Freundschaftskult und Edelmutsduell der Prätexte unmöglich macht, schiebt sich vor Orest und drängt diesen immer wieder in seinen Wahnsinn zurück. Im Gespräch betonte Berg sein besonderes Interesse für den Intriganten und Geschäftsmann Pylades und seine Ablehnung des wahnsinnigen Orest. Die von Pylades entwickelten Strategien einer auf Unrecht basierenden Flucht, Iphigenies Zögern und ihre Entscheidung für Wahrheit und Menschlichkeit, entsprechen der Vorlage Goethes. Bergs Iphigenie gelingt es am Schluss in Abweichung von Goethe aber nicht, den Konflikt mit ihren Worten friedlich beizulegen. Wie in der Tragödie des Euripides, in der

Literatur der Gegenwart, hg. von BERND SEIDENSTICKER und MARTIN VÖHLER, Berlin/New York 2002, S. 30.
[293] BERG, Im Taurerland, S. 18.

Athene als dea-ex-machina die Lösung vollziehend vom Himmel schwebt, greift in Bergs Stück, in dem die Menschen den Göttern eine Absage erteilt haben,[294] das Volk als äußere Machtinstanz ein. In dieser Schlusswendung liegt die fundamentale Abweichung von den Prätexten und die politische Aussage, die auf ihren Bezug zur DDR hin geprüft werden muss.

5.2.1. Iphigenie – die Sexualisierung der Humanität

> *Doch ist im eignen Lande heimatlos*
> *Der, der ohne Tat sein Leben fristen*
> *Muß, und ist sich fremd in jedem Land,*
> *Das meint, ihn nicht zu brauchen.*[295]

Die erste Szenenanweisung zeigt Iphigenie in der Abenddämmerung *in einer ihrem Körper angepassten Vertiefung*[296] am taurischen Strand liegend. Kurz bevor die Nacht zu Ende geht, legt sich Thoas zu ihr. Mit ihren ersten Worten kommentiert Iphigenie wollüstig den Geschlechtsakt:

> IPHIGENIE: *Nimm meine Brüste. Ich will mehr. Mit Trichtern*
> *Könnt ich alles in mich füllen, was der*
> *Planet an Leben zeugt, um jede Regung*
> *Zu erkennen, denn schnell genug folgt nach*
> *Erfüllung jene Leere, die seltsam an die*
> *Träume rührt [...].*[297]

Iphigenie tritt als Liegende, Schlafende, Träumende und Beischlafende auf. Der Abdruck ihres Körpers in der Erde des taurischen Strandes ist Dingsymbol ihrer Tatenlosigkeit und Passivität.[298] Zwar war es ihr als fremder Frau gelungen, Thoas zeitweilig milde zu stimmen, doch erfolgte die Zurückstellung des barbarischen Gesetzes nicht aufgrund

---

[294] IPHIGENIE: *Die Götter haben wir verlassen.* (BERG, Im Taurerland, S. 29.)

[295] BERG, Im Taurerland, S. 6.

[296] Szenenanweisung: BERG, Im Taurerland, S. 5.

[297] BERG, Im Taurerland, S. 5.

[298] IPHIGENIE: *Zu lang / Ergeb ich mich der Schönheit dieser Bucht. / Die Erde hat den Abdruck meines Körpers. / Sieh, so lagert ich in all den Jahrn, / Diese Stelle zeigt, was ich hier tat.* (BERG, Im Taurerland, S. 10.)

von Aufklärung und Einsicht, sondern aufgrund weiblicher Sexualität. Bergs Iphigenie wird sowohl von Thoas als auch später von Pylades auf ihre weiblichen Reize reduziert, zum Objekt sexueller Begierde.[299] In der sexualisierenden Darstellung der Iphigeniefigur, in der sie selbst das Körperliche über das Geistige stellt, wird der Gegenentwurf zu ihrer redegewandten und selbstbewussten Vorgängerin markiert. *[...] der Geist betrügt, der Körper kann nicht lügen, so / Sind wir im Traum nur wirklich wahr.*[300] Daraus entwickelt sich, wie bei Goethe leicht angedeutet,[301] die Tatenlosigkeit als Grunddilemma der Bergschen Iphigenie, der es im Unterschied zu Goethes Iphigenie am Ende nicht gelingt, allein mit dem Wort die ‚unerhörte Tat' zu vollbringen. Bergs Iphigenie ist sich von Anfang an dessen bewusst, dass die auf Beischlaf basierende zeitweilige Aufhebung der Menschenopfer kein wirkliches Verdienst ist, da es sich dabei nicht um zuverlässiges politisches Agieren handelt. Deutlich wird dies, als sie, von der alleinigen Handlungskraft ihrer Sexualität überzeugt, die ungünstige Ankunft der Fremden zur Mittagszeit bedauert: *Eine Nacht nur brauchte ich, / Dann könnte ich das Ärgste schon verhindern, / Und lebend ginge, was da lebend kam.*[302] In ihrem ersten Monolog versucht Iphigenie, ihrer Verzweiflung durch die Beschwörung eines Traumes zu entgehen.

> IPHIGENIE: *Nichts, es gelingt mir nicht, Bilder*
> *Herzustellen, die Erkenntnis bringen.*
> *Ausgeleert ist der Behälter Traum,*
> *Trägt als Inhalt nur das stumpfe Nichts.*
> *O Taurerland, gib mir meine Träume!*
> *Rest von Griechenland, schicke auf dem*
> *Meerpfad Bilder, die das Nichts hier füllen.*[303]

Statt der Ankunft eines Traums wird die Ankunft zweier Fremder gemeldet, von denen der eine ihr in seinem Alptraum gefangene Bruder

---

[299] PYLADES: *Komm schon, Mädchen, / Brechen wir die Schale deiner Brüste.* (BERG, Im Taurerland, S. 30.)

[300] BERG, Im Taurerland, S. 9.

[301] IPHIGENIE: *Und nenn ich das / Ein fröhlich selbstbewußtes Leben, wenn / Uns jeder Tag, vergebens hingeträumt, / Zu jenen grauen Tagen vorbereitet, / Die an dem Ufer Lethes, selbstvergessend, / Die Trauerschar der Abgeschiednen feiert? / Ein unnütz Leben ist ein früher Tod; / Dies Frauenschicksal ist vor allem meins.* (GOETHE, Iphigenie auf Tauris, I,2, V. 111-116.)

[302] BERG, Im Taurerland, S. 18.

[303] BERG, Im Taurerland, S. 14.

Orest ist. Die über die genealogische Verwandtschaft hinausgehende seelische Verwandtschaft wird dadurch versinnbildlicht, dass Orests Körper genau in Iphigenies Traumstätte passt und er dort ‚Heimat' findet.[304] Im Gegensatz zu Iphigenies Sehnsucht nach der Tat leidet Orest unter dem Vollzug der Tat. Diese erfolgte, anders als in den Prätexten, nicht aufgrund göttlicher Forderung, sondern als logische Fortsetzung der Argumentation Klytämnestras.[305] Anders als in den Prätexten sind die ihn verfolgenden Erinnyen keine göttlichen Gesandten, sondern *der Welt Wahn.*[306]

Über die Traumstätte hinausgehend wird die Wesensverwandtschaft der somnambulen Geschwister durch Iphigenies Vergleich beider mit einem Gewächs markiert. Als Reaktion auf die Liebeserklärung Thoas' vergleicht sie sich selbst mit einer überreifen, faulenden Frucht: *Faulen. Ich bin ein Gewächs von dieser Sonne, / Reif, und du genießt mich nächtlich.*[307] Als Pylades ihr in seinem sprachlosen Gefährten Orest zeigt, vergleicht sie diesen ebenfalls mit einem Gewächs.

> IPHIGENIE: *Was, das Orest, sagst du, das?*
> *Dieses Stück naturgewordnes Wesen?*
> *In Fleisch gebannter Wahn, zurückgefalln*
> *In den großen Stumpfsinn aller Sinne*
> *Ist er ohne Zeit und ohne Wort.*
> *So ihn sehn, den Rest von unserm Rest.*
> *[...]*
> *Sieh das Fleischgewächs, mehr ist es nicht.*
> *Ich berühre das Gewächs, und?*
> *Ich rufe das Gewächs, Orest! Orest!*
> *Ich greife es, Orest, Orest, Orest.*
> *Wenn das Gewächs gemacht wär zum Erkennen,*
> *Es würde die Berührung gut verstehen.*[308]

---

[304] OREST: *Endlich zu Haus. / ... / Hier ist der Platz an dem / Ich lag. Die Vertiefung / In dem Boden zeigt / Den Abdruck meines Körpers. / Es paßt als sei ich nie / Gewachsen. Bin zu Hause.* (BERG, Im Taurerland, S. 22.)

[305] KLYTÄMNESTRA: *ich war das letzte werkzeug in dem männerwerk. / doch war ich auch das letzte werkzeug das das männerwerk beendet. / kein leben wird an vergangenes dich erinnern.* – OREST: *wenn du alles töten willst was uns an uns erinnert, / ich bin einverstanden. bist du mutter noch übrig. die letzte.* (BERG, Klytämnestra, S. 25.)

[306] BERG, Klytämnestra, S. 26.

[307] BERG, Im Taurerland, S. 10.

[308] BERG, Im Taurerland, S. 26f.

Die Gewächsmetapher ist Ausdruck der Passivität der Geschwister im Moment der Begegnung. Bei Iphigenie rührt dieser Zustand von der Tatenlosigkeit her, die auf ihre Opferung vor zehn Jahren gefolgt war, bei Orest ist er Resultat des Tatvollzugs. Hierbei handelt es sich ebenfalls um eine freie Hinzufügung Bergs, die dem Tatbegriff des revolutionären Marxismus widerspricht und ein Gegenmodell zu Sartres ,tatbewusstem' Orest[309] darstellt.

Bereits vor der Begegnung mit Orest und Pylades nahm Iphigenie, in der Fremde fremd, die Heimat als zweite Fremde wahr. In der Folge ihrer eigenen Opferung hatte sie Griechenland als ein Land, *in dem die Willkür herrscht*, in dem *jeder jeden Tag zum Opfer werden*[310] kann, entlarvt. Dieses Land der Griechen sucht sie keineswegs mit der Seele, sondern nennt *Verlust Gewinn.*[311] Gleichzeitig sehnt sie sich im Gespräch mit Pylades nach dem alten Griechenland zurück. *Könnt ich mit dir träumen, zurück in unsere / Unbeschwerte Kindheit, als Griechenland / Noch war, was es schon lange nicht mehr ist.*[312] Zwischen zwei Orten zerrissen ist Iphigenie heimatlos und von schwindender Identität bedroht. Auf Tauris wird sich Iphigenie der Arroganz der Griechen bewusst, die ,die Barbaren' als Kontrastfolie benötigen, sich selbst allerdings nicht durch ein größeres Maß an Zivilisiertheit auszeichnen.[313] Iphigenies Blick aus der Ferne auf Griechenland wird durch Pylades' Bericht von den Gräueltaten der Atriden[314] und durch dessen Fluchtplan bestätigt. In Pylades' Feigheit und List erkennt sie eine Kontrastfolie zu Thoas, vor welcher der Barbarenherrscher dem Griechen gegenüber als moralisch überlegen erscheint:

IPHIGENIE: *Lange*
Jahre kenn ich Thoas, weiß, wie er
Beschaffen ist, und merk erst jetzt, wie anders
Er als du geartet ist. Du

---

[309] OREST: *Ich habe meine Tat getan, Elektra, und diese Tat war gut. Ich werde sie auf meinen Schultern tragen, wie ein Fährmann die Reisenden durchs Wasser trägt, ich werde sie ans andere Ufer bringen und darüber Rechenschaft geben. Und je schwerer sie zu tragen ist, um so mehr werde ich mich freuen, denn meine Freiheit, das ist diese Tat.* (SARTRE, JEAN-PAUL: Die Fliegen, in: Ders.: Die Fliegen. Die schmutzigen Hände. Zwei Dramen, Reinbek bei Hamburg 1961, S. 59.)
[310] BERG, Im Taurerland, S. 6.
[311] BERG, Im Taurerland, S. 5.
[312] BERG, Im Taurerland, S. 29.
[313] IPHIGENIE: *Aus Arroganz' nennt man / Euch dort Barbarenvolk und ist in mancher / Sitte wohl barbarischer als hier.* (BERG, Im Taurerland, S. 10.)
[314] IPHIGENIE: *Du zeigst mir Griechenland als Land des Mordes.* (BERG, Im Taurerland, S. 25.)

Wählst Flucht, er würd sich stellen, du liebst Betrug.
Er die Offenheit.[315]

Deutlicher als bei Goethe ist Bergs Pylades eine Gegenfigur zu Iphigenie und den ‚Barbaren'. Anders als die Taurer, denen sich Iphigenie emotional verbunden fühlt, verhalten sich die Griechen Pylades und in *Klytaimnestra* auch Agamemnon aus Kalkül barbarisch.[316] Die Defizienz-Erfahrung, die Iphigenie im Blick von Tauris auf Griechenland macht, verbindet sie mit Hauptmanns Menelaos.[317] Wie bei Goethe hat Iphigenie während der Jahre in der Fremde einen emotionalen Bezug zu den Taurern aufgebaut. Bei Goethe zeichnet dieser sich durch ihr enges Verhältnis zu Thoas aus, den sie als ihren zweiten Vater verehrt,[318] bei Berg durch ihre Volksnähe, mit der sie sogar die des Herrschers übertrifft und eine vermittelnde Position einnimmt. Als Thoas die Wiedereinführung des Menschenopfers mit dem Willen des Volkes begründet, betont Iphigenie, die Thoas' politische Fehleinschätzung erkennt, ihre starke Position zwischen Volk und Herrscher: *Dem Volke steh ich näher noch als du.*[319] Dies wird in der Schlusswendung von Barbas bestätigt.[320]

In Abweichung von den Prätexten erfolgt die Abschaffung der Menschenopfer auf Tauris nicht auf den Impuls der aus der ‚zivilisierten Welt' gekommenen Iphigenie hin, sondern ist bereits vor ihrer Ankunft ein Anliegen des Volkes und kann nur als solches Gehör finden.

5.2.2. Das Volk als politischer Handlungsträger

Die wesentlichste Abweichung von den Prätexten liegt darin, dass Jochen Berg dem Volk der Taurer durch die Neueinführung des Barbas, der statt Arkas auftritt, eine Stimme verleiht. Der durch Konsonantenverschiebung erzeugte neue Name der Figur hat Konsequenzen bezüg-

---

[315] BERG, Im Taurerland, S. 34.
[316] Vgl. PREUßER, HEINZ-PETER: Allegorisierung des Zivilisationsdramas. Die Iphigenien und Volker Brauns ‚Iphigenie in der Freiheit', in: Ders.: Mythos als Sinnkonstruktion. Die Antikenprojekte von Christa Wolf, Heiner Müller, Stefan Schütz und Volker Braun, Köln/Weimar/Wien 2000, S. 328-392.
[317] Vgl. HAUPTMANN, Iphigenie in Aulis, IV,1, S. 920.
[318] IPHIGENIE: *Die Sorge nenn ich edel, die mich warnt, / Den König, der mein zweiter Vater ward, / Nicht tückisch zu betrügen, zu berauben.* (GOETHE, Iphigenie auf Tauris, V. 1640-1643.)
[319] BERG, Im Taurerland, S. 12.
[320] Vgl. BERG, Im Taurerland, S. 41.

lich seines sozialen Standes: aus Arkas, dem elitären Getreuen des Königs, ist Barbas geworden, ein einfacher Vertreter des Volkes. Als Einzelfigur steht dieser symbolisch für alle Taurer, die von den Griechen pejorativ als *barbaroi* bezeichnet werden. Ganz in der Tradition der klassizistischen Dramaturgie, in der die großen Chorszenen der antiken Tragödie abgeschafft worden sind, tritt ein Einzelner als Sprachrohr der Allgemeinheit auf. Preußer versteht den Namen *Barbas* über die zivilisatorische Konnotation hinausgehend als einen durch Kontraktion entstandenen Neologismus der biblischen Namen Barabas[321] und Barnabas.[322] Damit konstruiert er das Neue Testament und Kafkas Roman *Das Schloß* als intertextuelle Bezugspunkte.[323] Die Lage der taurischen Inselbewohner ist von Weltabgeschiedenheit und Isolation gekennzeichnet, die zu überwinden sie sehnlich wünschen. Dies wird in ihrer neugierig-erwartungsvollen Haltung gegenüber Fremden deutlich, wie Barbas' Botenbericht zeigt, in dem er Iphigenie erklärt, wie es zur Auslieferung der Fremden an das alte taurische Gesetz kam. *Freudig schlug das Herz* der Hirten, als sie nach jahrelanger Abgeschiedenheit von der Außenwelt die beiden Fremden am Strand entdeckten. *Heiß auf Neuigkeiten* rief der Hirte, der sie zuerst sah, die andern *schnell zusammen, freudig dieses Anblicks* und sie eilten ihnen *fröhlich* entgegen.[324] Durch Orests Anschlag auf die Rinderherde,[325] das kollektive Eigentum der Taurer, machte sich dieser eines Verbrechens schuldig, das die positive Grundhaltung der Taurer zurückstieß und sie zur Auslieferung der Fremden zwang. Die intertextuell auf Euripides[326] zurückgehende Szene erhält bei Berg funktionales Gewicht. Bei Euripides diente die von Goethe gestrichene Passage der plastischen Ausmalung von Orests Wahnsinn. Die Wiedereinführung dieser Szene durch Berg hat keine archaisierende, sondern rein technische Funktion. Erst die zweite Tat Orests ist es, die auf Bergs Tauris das dramatische Geschehen in Gang zu bringen vermag. Hätte sich Orest nicht am kollektiven Eigentum vergangen, hätten sich

---

[321] Matthäusevangelium 27₁₆₋₂₆ und Markusevangelium 15₇₋₁₅.

[322] Apostelgeschichte 4₃₆; 11₂₂₋₃₀; 13-15.

[323] PREUßER, Allegorisierung des Zivilisationsdramas, S. 360. – Zur Kafkarezeption in der DDR weist Preußer auf einen Aufsatz von Martina Langermann hin. LANGERMANN, MARTINA: Anmerkungen zum Streit um den ‚DDR-Kafka', in: Es genügt nicht die einfache Wahrheit. DDR-Literatur der sechziger Jahre in der Diskussion, hg. von der Friedrich Ebert Stiftung, Leipzig 1995, S. 174-185.

[324] BERG, Im Taurerland, S. 16.

[325] BERG, Im Taurerland, S. 16f.

[326] Vgl. EURIPIDES, Iphigenie bei den Taurern, V. 281-314.

die Taurer um den Erhalt seines Lebens bemüht. Bereits vor der Ankunft Iphigenies hatten die Taurer das alte, fremdenfeindliche Gesetz untergraben, indem sie fremde Ankömmlinge warnten.[327]

Wie bei Goethe[328] stellt der der Wahrheit verpflichtete Dialog zwischen Iphigenie und Thoas die zentralste Szene dar. Zu Beginn folgt Berg Goethe fast wörtlich, um am Ende die Unmöglichkeit der klassischen Lösung vorzuführen. Nach Iphigenies spöttischer Ablehnung des Heiratsantrags verschließt sich Thoas ihren Worten und die direkt an Goethes Iphigenie angelehnte Proklamation der Humanität erreicht den Herrscher nicht. Statt sich von ihr beeinflussen zu lassen, ruft er seine Leute auf, Iphigenie mit Gewalt zum Vollzug des Opferdienstes zu zwingen: *Packt sie. Führt sie an den Armen, taucht / Ihre Hände ins Wasser und benetzt damit / Das Haupt der Opfer.*[329] Ihr gelingt es nicht, durch ihre Menschlichkeit den in seiner Ehre verletzten Tyrannen zu rühren. In letzter Sekunde schaltet sich Barbas als weltlicher deus-ex-machina ein und klärt den Herrscher über die Wünsche des Volkes auf:

> *Ich, edler König, werd für alle sprechen.*
> *Schon lange sehen wir mit Unbehagen, daß*
> *Alles Fremde hier geschlachtet wird. Wir*
> *Sind oft am Meer, um unsere Rinder dort zu baden,*
> *Und oft auch sahen wir, vor dir, Gestrandete*
> *Und warnten sie, daß sie nicht weiter in das Land*
> *Eindringen, um nicht unnütz Tod zu sterben. Andren,*
> *Die der Sturm mit zerschellten Planken an das*
> *Ufer warf, verhalfen wir zu einem neuen*
> *Boot damit sie heil die ungastliche Bucht*
> *Verlassen konnten. Und wenn wir versagten, da*
> *Nicht ständig wir am Meere lauern können, half*
> *Uns Iphigenie, die dich milde stimmte.*
> *Doch auch das war nicht gewiß, denn oft war dir*
> *Mit Milde nicht zu kommen, und also wurd getötet.*[330]

Im folgenden Dialog redet Barbas als Sprachrohr des Volkes und setzt sich so für das Naturrecht der Gastfreundschaft und gegen das alte taurische Gesetz der Fremdenfeindlichkeit ein. So wird die ,unerhörte

---

[327] BERG, Im Taurerland, S. 40ff.
[328] Vgl. V,3 und V,5.
[329] BERG, Im Taurerland, S. 40.
[330] BERG, Im Taurerland, S. 40f.

Tat' durch den Willen des Volkes durchgeführt, das sich aufgeklärter gibt als sein Herrscher. Da es sich aber bei Thoas um einen edlen König handelt, der in der Lage ist, die Stimme seines Volkes zu vernehmen, findet das Stück in seiner Schlusspassage, in der die festliche Aufhebung des alten Gesetzes und die Freilassung der Gefangenen erfolgt, seinen pathetischen Höhepunkt, in dem der edle Herrscher sein mutiges Volk feiert.[331] Die Griechen werden zur Teilnahme eingeladen und erhalten die Erlaubnis, nach dem Festakt mit dem Heiligenbild in die Heimat zurückzukehren. Bei Berg geht es wie bei Euripides primär um die Überführung des Heiligenbildes nach Griechenland, nicht um die Befreiung der Iphigenie. „Damit ein Kulturwechsel erfolgen kann, müssen die Heiligenbilder weggenommen werden."[332]

5.3. Funktion der Mythostransformation

5.3.1. Abgrenzung und Anlehnung – Der Dialog mit Goethe

In *Im Taurerland* führt Berg einen doppelten Dialog mit Goethe, der einerseits eine starke sprachliche Orientierung und andererseits eine thematische und motivgeschichtliche Verschiebung aufweist. Im Rückgriff auf die metrisch durch den Blankvers markierte Sprache der Klassik wird in diesem Stück der Gegenwartssprache ein fast lyrisches Pendant entgegengesetzt. Die Sprache scheint Erinnerungen an Ideen und Ideale der Weimarer Klassik wachrufen zu wollen, denen eine Absage erteilt wird. Trotz klassisch anmutendem Sprachgestus handelt es sich um ein antiklassisches Stück. Dies manifestiert sich, wie bereits oben erläutert, in der Sexualisierung und Entsakralisierung der Goetheschen Iphigenie. Damit wird dem utopischen Ideal der humanisierenden und zivilisierenden Iphigenie eine Absage erteilt, aber gleichzeitig mit dem taurischen Volk eine neue Utopie entgegengestellt. Berg negiert nicht die Humanität an sich, sondern die Idealisierung des Einzelnen als Verfechter der Humanität und beruft sich somit

---

[331] THOAS: *Die Beharrlichkeit zeugt von starkem Willen. / Das ärgste ist nun überstanden, deine Rede / Ist der beste Lohn meiner Arbeitsjahre. / Wohl dem Herrscher, der solch mutig Volk sein eigen / Nennen darf. Es sei, Barbas, wie du gesagt.* (BERG, Im Taurerland, S. 42.)
[332] Gespräch von Christine Hermann mit Jochen Berg am 20. 8. 2003 in Berlin.

auf die alleinige Macht des Volkes, politische Veränderungen zu bewirken. Nur Barbas, als pars pro toto des taurischen Volkes, nicht aber
Iphigenie, kann die Durchsetzung neuer Ideale gelingen. Durch die
zwar auf unterschiedliche Weise bewirkte, aber dennoch friedlich-
utopische Lösung weist Bergs Drama die größte Goethenähe der hier
behandelten Mythostransformationen auf. Diese Annäherung trotz
sonstiger Abgrenzung wurde von Preußer scharf kritisiert,[333] könnte
aber mit Bergs Orientierung an Peter Hacks und dessen „Programm
zur Entwicklung einer ,sozialistischen Klassik'"[334] zusammenhängen.
Verglichen damit erteilt Berg im Gespräch Goethe und dessen Iphigenie eine unverhältnismäßig harte Absage. Die Kanonisierung und dauerhafte Bühnenpräsenz von Goethes Dramen hält Berg für eine „typi-
sche deutsche Zwecklüge"[335] von der es sich zu lösen gilt: „Nach 80
Kriegen wird es vielleicht passieren, dass die Deutschen ihren Goethe
mal los sind."[336] Sicherlich unbewusst erfüllt Berg durch seine harte
Verachtung, die er Goethe gegenüber ausspricht, dem Klassiker einen
Wunsch:

> *Ich verwünsche den 'Tasso' blos deshalb, weil man sagt, daß er auf die*
> *Nachwelt kommen wird; ich verwünsche die 'Iphigenie', mit einem Worte,*
> *ich verwünsche alles, was diesem Publicum irgend an mir gefällt. [...] Ja,*
> *wenn ich es nur je dahin noch bringen könnte, daß ich ein Werk verfaßte -*
> *aber ich bin zu alt dazu - daß die Deutschen mich so ein funfzig, oder*
> *hundert Jahre hintereinander recht gründlich verwünschten und aller Or-*
> *ten und Enden mir nichts als Übels nachsagten; das sollte mich außerma-*
> *ßen ergötzen. Es müßte ein prächtiges Product sein, was solche Effecte*
> *bei einem von Natur völlig gleichgültigen Publicum wie das unsere her-*
> *vorbrächte. Es ist doch wenigstens Charakter im Haß, und wenn wir nur*
> *erst wieder anfingen und in irgend etwas, sei es, was es wolle, einen*

---

[333] „Euripides scheitert erklärtermaßen, das macht seine Stärke aus; Goethe uneingestanden – was das
Stück selbst anbelangt –, aber auf hohem Niveau. Berg hingegen vergibt dem Scheitern das emanzipa-
torische Potential, das in beiden Vorgängern über die Zeit hin virulent blieb." (PREUßER, Allegorisierung des Zivilisationsdramas, S. 366.)

[334] STUCKE, FRANK: Antikenrezeption bei Peter Hacks oder: Erinnerung an die Zukunft, in: Mythen in
mythenloser Zeit. Die Antike in der deutschsprachigen Literatur der Gegenwart, hg. von Bernd
Seidensticker und Martin Vöhler; Berlin/New York 2002, S. 123. – Vgl. HACKS, PETER: Iphigenie,
oder: Über die Wiederverwendung von Mythen, in: Ders.: Die Maßgabe der Kunst, Düsseldorf 1977,
S. 104-106; DERS.: Das Poetische. Ansätze zu einer postrevolutionären Dramaturgie, Frankfurt am
Main 1972.

[335] Gespräch von Christine Hermann mit Jochen Berg am 20. 8. 2003 in Berlin.

[336] Gespräch von Christine Hermann mit Jochen Berg am 20. 8. 2003 in Berlin.

gründlichen Charakter bezeigten, so wären wir auch wieder halb auf dem Wege ein Volk zu werden.[337]

Obwohl ablehnende Skepsis Bergs Blick auf Goethe bestimmt, hat der Klassiker zumindest als Reibefläche bis heute einen gewichtigen Einfluss auf Bergs Gesamtwerk, was sein neuester Text, der Radioessay *Herr Graf, Herr Graf, wo ist ihr Bauer? Die Wahrheit zu Pferde*[338] zeigt.

5.3.2. *Was sich öffnet, blüht, was sich schließt, verkümmert*[339] – Zeitgeschichtliche Bezüge

Im Mythos sieht Berg gesellschaftliche und menschliche Grundkonflikte vorgeprägt, die er in seinen Mythentransformationen mit aktuellen Beobachtungen des Staatsgeschehens zusammenfließen lässt.[340] Ohne mögliche aktuelle Bezugspunkte so explizit zu benennen wie Fassbinder, strebt Berg eine eher objektivierende Beobachtung an, die lediglich Grundstrukturen aufzeichnet. Die von Wolfgang Emmerich für die Antikendramen Heiner Müllers vorgeschlagene „strukturale Lesart", in der antike Stoffe als „Sinn-Bilder aus der Frühgeschichte unserer Zivilisation"[341] verstanden werden, scheint Bergs Idee der Mythostransformation zu entsprechen. Auch wenn sich Berg im Gespräch möglichen politischen Bezügen gegenüber abwehrend äußerte, sind diese dennoch ein wesentlicher Bestandteil des hier untersuchten Dramas. Die Intention des Autors ist hierbei von untergeordneter Bedeutung, da sich *Im Taurerland* im politischen und sozialen Umfeld der Wende selbständig reaktualisierte.

Bereits die inszenierungsgeschichtliche Tatsache, dass Bergs Dramentexte nie Zugang zu einer DDR-Bühne gefunden hatten, legt den Verdacht nahe, dass der Dramatiker darin auf eine der Kulturbehörde der DDR unliebsame Weise auf die gesellschaftliche und politische Situa-

---

[337] Goethe, undatiert, in: GOETHE: Briefe, Tagebücher, Gespräche, Digitale Bibliothek Bd. 10, Berlin 1999, S. 31769f. (Goethe's Gespräche, hg. von Gustav Woldemar von Biedermann, Bd. 4, Leipzig 1889, S. 353f.)

[338] Die erste Ausstrahlung erfolgte am 6. September 2003 in der ‚Studiozeit' von MDR-Kultur.

[339] BERG, Im Taurerland, S. 42.

[340] Gespräch von Christine Hermann mit Jochen Berg am 20. 8. 2003 in Berlin.

[341] EMMERICH, Antike Mythen auf dem Theater der DDR, S. 251.

tion seiner Zeit Bezug genommen haben könnte. 1976/77, in einer Phase, in der die Abgrenzungspolitik der DDR gegenüber dem westlichen, ‚imperialistischen Ausland' ihren Höhepunkt erreicht hatte, musste *Im Taurerland* zum einen durch das Thematisieren des Ost-West-Gegensatzes im mythologischen Gewand und zum anderen durch die lehrstückhafte, an die Oberen des Staates gerichtete Stimmführung Anstoß erregt haben.

In der fast hermetischen Abgeschiedenheit der Taurer von der westlichen Welt der Griechen scheint die Situation der DDR kontextuell und geographisch nachgezeichnet zu sein. Der Topos von den ‚Barbaren' im Osten und den ‚Zivilisierten' im Westen ist in der Literatur der DDR präsent, wie beispielsweise die Romane von Christa Wolf zeigen.[342] Allerdings ist diese Differenzierung nur vordergründig, denn eigentlich basieren beide Systeme auf dem darwinistischen Prinzip des Rechts des Stärkeren. Die Neugier der Taurer nach Informationen aus dem Westen findet mögliche Entsprechungen in verbotenen Praktiken in der DDR, zum Beispiel über Westfernsehen, Informationen aus der BRD zu erhalten. Inwieweit es sich in der Schlusswendung von Bergs Drama um eine Grenzöffnung in beide Seiten handeln könnte, bleibt offen. Jedenfalls soll in der Zukunft die freie Einreise Fremder gewährleistet werden, inwieweit gleichzeitig ein Ausreiserecht für Taurer gelten soll, bleibt unausgesprochen.

Direkte politische Aktualität erreicht *Im Taurerland* immer dann, wenn ein Volk sich erhebt und selbstbewusst Forderungen stellend dem Herrscher gegenübertritt. Gerade diese Schlusswendung wird in der spärlichen Forschungsliteratur meist negativ bewertet. Preußer bezeichnet das Drama als „Oppositionskitsch" und fragt, ob sich die kritisch-loyalen Intellektuellen so die Führung ihres Landes gewünscht haben und ob Vertrauen in die Macht des rein menschlichen Wortes realistischer wird, wenn es nicht das idealisierte Individuum, sondern die bewegte Masse formuliert.[343] Zwei Ereignisse, bei denen das Volk protestierend auf die Straße ging, rahmen die Geschichte der DDR ein und können als mögliche Bezugspunkte des Theatertextes gesehen werden. Bergs Drama stellt in einer Art ‚Fürstenspiegel' ein Gegenmodell zum Aufstand vom 17. Juni 1953 dar, bei dem das Militär den Demonstranten mit sowjetischen Panzern begegnete und die Regie-

---

[342] Vgl. den Gegensatz zwischen Kolchern und Korinthern in CHRISTA WOLFS *Medea*, zwischen Trojanern und Griechen in Christa Wolfs *Kassandra*.
[343] PREUßER, Iphigenien, S. 34.

rung das Volk nicht erhört hatte. Intertextuell wird der Bezug zum 17. Juni durch Barbas' Rückgriff auf Brechts Gedicht *Die Lösung* deutlich: *Stimmst du mit uns nicht überein, suche dir ein anderes Volk.*[344] Zum andern sind es die Ereignisse des Herbstes 1989, deren friedlicher Ausgang modellhaft die Realisierung der Bergschen Utopie darzustellen scheint. Mit der Forderung *Wir sind das Volk* (später: *Wir sind ein Volk*), war es den Bürgern der DDR, die ihre Stimme gegen die staatliche Obrigkeit erhoben hatten und auf die Straßen gegangen waren, gelungen, neben der friedlichen Koexistenz zweier Systeme, die Wiedervereinigung des geteilten Deutschlands einzuläuten. Doch 1989 blieb nicht die letzte Stufe der Aktualisierung des Dramas. Bereits in den folgenden Jahren wurde die Utopie zerstört, indem rechtsradikale Jugendliche mit der Zustimmung von breiten Teilen der Bevölkerung Pogrome gegen Ausländer verübten. Eberswalde, Rostock und Hoyerswerda sind nur wenige Brennpunkte rechter Gewalt nach 1989.[345] Hatte der Aspekt der politischen Mündigkeit des Volkes mit der Wende eine schöne Realisation gefunden, so zeigte sich dieses Volk im Hinblick auf Fremdes als wesentlich intoleranter als gedacht. Spätestens mit diesen Verbrechen war die Utopie vom guten, friedfertigen Volk wieder zerschlagen. Beide Stränge, also die friedliche Wende von 1989 und die eskalierende rechte Gewalt seit 1990 mündeten 1992 in Frank Lienerts Inszenierung der *Iphigeneia* (i.e. *Im Taurerland*) am Deutschen Theater Berlin[346].

> „Während des West-Ost-Kolonialismus wurde die Tetralogie über vier Jahre hinweg in Berlin gespielt. Plötzlich war alles hochaktuell! Jede Aufführung war anders, da immer eine andere Szene aktuell war. Jedes gute Stück hat die Eigenschaft, in bestimmten historischen Situationen aktuell zu werden."[347]

---

[344] BERG, Im Taurerland, S. 42. Bei Brecht heißt es: *Wäre es da nicht einfacher, die Regierung löste das Volk auf und wählte ein anderes?* (BRECHT, BERTHOLD: Die Lösung, in: Berthold Brecht. Werke. Große kommentierte Berliner und Frankfurter Ausgabe, Bd. 12, hg. von Werner Hecht, Jan Knopf, Werner Mittenzwei und Klaus-Deltlef Müller, Frankfurt am Main 1988, S. 310.)

[345] Obwohl die rechte Gewalt nach 1989 in der ehemaligen DDR extreme Brennpunkte aufwies, kam es zeitgleich auch im Westen vermehrt zu Ausschreitungen. Vgl. OTTO, HANS-UWE: Rechtsradikale Gewalt im vereinigten Deutschland. Jugend im gesellschaftlichen Umbruch, Opladen 1993.

[346] Premiere am 30. August 1992. Darsteller: Petra Hartung (Iphigenie), Manfred Möck (Thoas), Uwe Dag Berlin (Pylades), Kay Schulze (Orest), Lutz Schneider (Barbas); Musik: Uwe Hilprecht, Hermann Naehring – Bühnenbild: Richard von Luijk; Kostüme: Wolfgang Utzt.

[347] Gespräch von Christine Hermann mit Jochen Berg am 20. 8. 2003 in Berlin.

Aufgrund der aktuellen Situation interpretierte der Regisseur das utopische Ende des Bergschen Dramentextes neu. Hatte Berg Goethes Iphigenie als Hoffnungsfigur entidealisiert und statt ihrer das Volk eingesetzt, desillusioniert Lienert in seiner Inszenierung Bergs Utopie des ‚guten' Volkes, da die gewalttätigen Übergriffe der Neonazis in der Realität ein anderes Bild gezeichnet hatten und gibt dem Stück mit einem düsteren Schlussbild einen eher ungewissen Ausgang. „Zum Schluß wird ein Fest angeordnet, an das keiner glaubt, stumm gehen alle auf eine Mauer zu, als Silhouetten bleiben sie sichtbar."[348]

Abb. 2 Schlussbild der Inszenierung von Bergs *Iphigeneia* am DT Berlin (Regie: Frank Liefers)

---

[348] FUNKE, CHRISTOPH: Die Sehnsucht kann nicht leben. Uraufführung im Deutschen Theater. Jochen Bergs ‚Iphigeneia', in: Tagesspiegel vom 1. September 1992.

6. Volker Braun – Iphigenie in Freiheit

6.1. Von der Utopie zur ‚Ästhetik der Widersprüche'

> [...] der Widerspruch, die Wurzel aller Bewegung
> und Lebendigkeit; nur insofern etwas in sich selbst einen
> Widerspruch hat, bewegt es sich, hat Trieb und Tätigkeit
> (so sagt Hegel, Logik II) [...].[349]

Im Gesamtwerk Volker Brauns, in dem Literatur und Leben durch den scharfen, gesellschafts- und sozialkritischen Blick des Autors untrennbar miteinander verwoben sind, stellt die Arbeit mit mythologischen Themen eher eine Ausnahme dar.[350] Preußer zufolge haben die Zeitumstände Braun zum Mythos greifen lassen, um in der Auseinandersetzung mit überlieferten Bestandteilen des kulturellen Gedächtnisses das Thema der Gewalt allegorisch zu reflektieren.[351] Der Rückgriff auf überlieferte Handlungsstrukturen (Mythologie) und formuliertes Wortmaterial (Zitate) scheint eine poetologische Dimension aufzuweisen, die es im Folgenden zu untersuchen gilt. In *Iphigenie in Freiheit* wird der Leser mit einem Text konfrontiert, der neben Mythosreferenz eine hochkomplexe Arbeit mit intertextuellen Bezügen aufweist. Für den Umgang mit Intertextualität bei Braun weist Katharine Weder auf die Fruchtbarkeit beider Intertextualitätsbegriffe hin, sowohl des textdeskriptiven als auch des textontologischen.[352] Für den letztgenannten, den dekonstruktivistischen Intertextualitätsbegriff, spricht die extreme Konstruiertheit der Intertextualität, die, an Heiner Müllers Spätwerk geschult, auf das Konzept eines universellen Intertextes verweist.[353] „Als programmatische *Verfahrensweise* verweist es [das intertextuelle Netz] auf ein Bewusstsein davon, dass Literatur diskursiv eingebettet ist, dass es keine autonom gewollte Selbstsetzung in diesem System komplexer Bezüge gibt, sondern freies Spiel der Bedeutungen und

---

[349] BRAUN, VOLKER: Leipziger Vorlesung, in: Volker Braun. Texte in zeitlicher Folge, Bd. 10, Halle 1993, S. 178. Im Folgenden wird, wenn möglich, aus dieser Werkausgabe zitiert.
[350] Mir ist neben der Mythosrezeption in *Iphigenie in Freiheit*, eine wiederholte Auseinandersetzung Brauns mit Prometheus bekannt: z.B. *Prometheus* (in: Texte in zeitlicher Folge, Bd. 2, S. 94f.), *Verfahren Prometheus* (in: Texte in zeitlicher Folge, Bd 8, S. 263f.).
[351] PREUßER, Allegorisierung des Zivilisationsthemas, S. 328.
[352] WEDER, KATHARINE: Geschichte als Mythos. Zu Volker Brauns *Iphigenie in Freiheit*, in: Sprachkunst. Beiträge zur Literaturwissenschaft, 32 (2001), S. 246f.
[353] WEDER, Geschichte als Mythos, S. 246.

Bezüge und unumgängliches Ausgesetztsein an sie."[354] Die „Knüpf-
technik" der intertextuellen Einzelverflechtungen hat Anthonya Visser
herausgearbeitet, indem sie Zitate auf Herkunft und Funktion hin un-
tersuchte.[355] Ioana Crăciun ergänzte Vissers Beitrag vor allem durch
die Nachweise von Bezugnahmen Brauns auf das eigene Werk.[356] Da
die beiden Wissenschaftlerinnen in ihren Aufsätzen die intertextuellen
Puzzleteile beschriftet und geordnet haben, wird hier auf eine Wiederholung dessen verzichtet und Intertextualität in erster Linie als poeto-
logisches Verfahren untersucht.

Zitatcollage und Mythosreferenz ersetzen teilweise das individuelle
Sprechen eines Autors und dienen so als Überbrückungsmedium zu
einer neuen Sprachfindung. Zum anderen versinnbildlicht der Mythos
als historisches Modell ein dem teleologischen Geschichtsbild der
Aufklärung diametral entgegengesetztes Bild der ewigen Wiederkehr
desselben Prinzips, also eine Absage an die Möglichkeit realer Veränderungen und Fortschritt. In der Forschungsliteratur wird die gemeinsame Funktion von Mythos und Zitatmontage anhand von zwei Thesen erklärt. Zum einen, und darin sind sich die meisten Literaturwis-
senschaftler und Rezensenten einig, wird im Text die Situation der
ehemaligen DDR in der Nachwendezeit reflektiert. Die Sprachlosigkeit bezieht sich folglich auf das Ende der sozialistischen Utopie und
auf das Unbehagen im Hinblick auf eine ‚kapitalistische Wende'.[357]
Dieser stark zeitgeschichtlich orientierten Lesart setzte Ioana Crăciun
eine erweiternde These gegenüber, indem sie die Idee eines *theatrum
mundi,* die das Geschichtsbild Brauns prägt, als übergeordnetes Konzept aus dem Text herausarbeitete.[358] „Je radikaler Volker Braun die

---

[354] WEDER, Geschichte als Mythos, S. 247.

[355] VISSER, ANTHONYA: „Und so wie es bleibt ist es." Volker Brauns ‚Iphigenie in Freiheit': eine Dekonstruktion des deutschen Einigungsprozesses?, in: Literatur und politische Aktualität, hg. von Elrud
Ibsch und Ferdinand van Ingen, Amsterdam 1993, S. 131-154. – Tabellarisch fasste Preußer die Ergebnisse Vissers, mit einigen weiteren Entschlüsselungen versehen übersichtlich zusammen: PREUßER,
Allegorisierung des Zivilisationsdramas, S. 479-483.

[356] CRĂCIUN, Die Politisierung des antiken Mythos, S. 123-189.

[357] Vgl. GRAUERT, WILFRIED: Furor melancholicus auf wüstem Planum oder Abschied von der Präzeptorrolle. Zu Volker Brauns ‚Iphigenie in der Freiheit', in: Ders.: Ästhetische Modernisierung bei
Volker Braun. Studien zu Texten aus den achtziger Jahren, Würzburg 1995, S. 166-206. – PREUßER,
Allegorisierung des Zivilisationsdramas, S. 328-392. – REID, JAMES H.: Elektra, Iphigenie, Antigone.
Volker Braun's women and the ‚Wende', in: Women and the ‚Wende'. Social effects and cultural
reflections of the German unification-progress. Proceedings of a conference held by women in Ger-
man Studies 9.-11. Sept. 1993 at the University of Nottingham, hg. Von Elizabeth Boa und Janet
Wharton, Amsterdam 1992, S. 189-199. – CONSTABILE-HEMING, CAROL ANNE: Intertextual Exile.
Volker Braun's Dramatic Re-Vision of GDR Society, Hildesheim/Zürich/New York 1997.

[358] Vgl. CRĂCIUN, Die Politisierung des antiken Mythos, S. 123-189.

formalen Konventionen des klassischen Dramas ablehnt, desto deutlicher kristallisiert sich in ‚Iphigenie in Freiheit' die Anschauung von der Welt als einer Bühne, auf deren Brettern sich in wechselnder Kostümierung immer die gleiche Tragödie abspielt."[359] Die Thesen von der Engführung von Mythos und Zeitgeschichte einerseits und der Welt als Theater andererseits, widersprechen sich in ihren Ergebnissen wenig und finden in der Feststellung der Zivilisationskritik eine gemeinsame Basis, die sie aus der Mikro- bzw. Makroperspektive untersuchen. Der Unterschied der beiden Lesarten liegt im Verständnis der intertextuellen Montage. Der ersten These zufolge besitzt die starke Referenz auf literarische Vorlagen einen poetologischen Symbolwert, der darin besteht, dass der Autor, indem er mit den Worten Anderer spricht, sein Unvermögen ausgedrückt, nach dem Zusammenbruch der sozialistischen Gesellschaftsutopie zu einer eigenen Sprache zurückzufinden. So könnte es sich bei der Mythosrezeption Brauns um eine Notlösung zur Überwindung von Sprachlosigkeit handeln, zu der ihn die Umstände der Nachwendezeit haben greifen lassen. Einer realen Sprachlosigkeit des Schriftstellers Volker Braun in der Nachwendezeit widersprechen zahlreiche Reden und Äußerungen zwischen 1989 und 1992.[360] Constabile-Heming weist darauf hin, dass sich der Sprachgestus des Autors nach der ‚Wende' verändert habe, indem der Glaube an die sozialistische Utopie der Konstatierung des Todes der Utopie gewichen war.[361] Diese These belegt sie anhand des ‚Abriß-kalenders' *Die Zickzackbrücke*.[362] Grauert sieht in *Iphigenie in Freiheit* eine „radikale Revision der sozialistischen Utopie."[363] Von Brauns Leipziger Vorlesung und einigen repräsentativen ‚Wende'-Gedichten ausgehend, arbeitete Gesa von Essen eine „spezifische Schreibtaktik" der Wendetexte Brauns heraus, die seine ‚Poetik der Wende' bestimmen.[364] Ihre zentralen Erkenntnisse werden im Folgenden zusammengefasst und mit dem Textbeispiel *Iphigenie in Freiheit* konfrontiert: Erstens, die übergeordnete Forderung in Brauns Poetik besteht in ei-

---

[359] CRĂCIUN, Die Politisierung des antiken Mythos, S. 124.
[360] Vgl. BRAUN, VOLKER: Wir befinden uns soweit wohl. Wir sind erst einmal am Ende. Äußerungen, Frankfurt am Main 1998.
[361] CONSTABILE-HEMING, Intertextual Exile, S. 206.
[362] BRAUN, VOLKER: Die Zickzackbrücke. Ein Abrisskalender, Halle 1992.
[363] GRAUERT, Furor melancholicus, S. 166.
[364] ESSEN, GESA VON: „Auf den Hacken / Dreht sich die Geschichte um." Volker Brauns Wende-Imaginationen, in: Engagierte Literatur in Wendezeiten, hg. von Wille Huntemann, Małgorzata Klentak-Zabłocka, Fabian Lampart, Thomas Schmidt, Würzburg 2003, S. 117-132.

nem *neuen Denken*[365], das einer ‚*Ästhetik der Widersprüche*‘[366] ver-
pflichtet sein soll.[367] Für Braun stellt das ‚Bauen aus Widersprüchen‘
das Gegenteil des ‚ideologischen Bauens‘ dar.[368] In *Iphigenie in Freiheit* verweigert die dem Text zugrunde liegende ‚Ästhetik der Widersprüche‘ die Konstruktion einer linearen Lesart. Daher müssen in der
Textanalyse widersprüchliche Ergebnisse unversöhnlich nebeneinander stehen bleiben. Darüber hinausgehend weisen die beiden Textausgaben[369] minimale orthographische Unterschiede auf, die inhaltliche
Widersprüche erzeugen, im Hinblick auf eine ‚Ästhetik der Widersprüche‘ aber interessante Perspektiven eröffnen. Eng verbunden mit
der ‚Ästhetik der Widersprüche‘ ist eine „unaufgelöste Dialektik des
Gegenstandes"[370]. Dieser wird zweitens mit der Befragung literarischer Vorlagen begegnet. Intertextualität erzeugt in den Wendetexten
Brauns eine „permanente Wechselrede mit Klassikern und Traditionen"[371], die in *Iphigenie in Freiheit* ins Extreme gesteigert ist. Neben
einem starken Bezug auf Goethe wird die intertextuelle Codierung des
Textes um weitere „Zitatschichten" erweitert, „die übereinandergelegt
und ineinandergeschoben werden, [...] sich wechselseitig ergänzen
und korrigieren."[372] Die permanente Wechselrede mit dem Klassiker
Goethe und die Konstruktion von Zitatcollagen haben eine Zertrüm-
merung von Inhalt und Form zur Folge.[373] Das dritte Element der
Braunschen Wende-Poetik liegt im Überblenden unterschiedlicher literarischer Formen.[374] In *Iphigenie in Freiheit* begegnen sich in einer
‚Gattungscollage‘ lyrische und dramatische Formelemente. Aufgrund
der Indifferenz der Gattungszugehörigkeit soll das Werk im Folgen-

---

[365] *Das neue Denken, als es gedacht wurde, hatte noch keine Gestalt; und als es Gestalt bekam, war es
seinen Namen nicht mehr wert.* (BRAUN, VOLKER: Lockerer Vollzug. Frage und Antwort, in: Volker
Braun. Texte in zeitlicher Folge, Bd. 10, Halle 1993, S. 44.)
[366] BRAUN, Leipziger Vorlesung, S. 177ff. – Mit der ‚Ästhetik der Widersprüche‘ scheint Braun intertextuell auf Peter Weiss‘ ‚Ästhetik des Widerstands‘ anzuspielen.
[367] Vgl. ESSEN, Volker Brauns Wende-Imaginationen, S. 121.
[368] *Die Ideologie braucht Beton, sie macht Bunker. Oder sie planiert einen sturen Weg. Sie zeigt nicht,
wie es weiter geht [...].* (BRAUN, VOLKER: Leipziger Vorlesung, S. 179.)
[369] Die Zitate der Arbeit sind der Werkausgabe des Mitteldeutschen Verlags entnommen: BRAUN,
VOLKER: Iphigenie in Freiheit, in: Ders.: Texte, Bd. 10, Halle 1993, S. 127-142. Zur Analyse interes-
santer Widersprüche wird die Taschenbuchausgabe des Suhrkampverlags zum Vergleich herangezogen: BRAUN, VOLKER: Iphigenie in Freiheit, Frankfurt am Main 1992.
[370] ESSEN, Volker Brauns Wende-Imaginationen, S. 125.
[371] ESSEN, Volker Brauns Wende-Imaginationen, S. 121.
[372] ESSEN, Volker Brauns Wende-Imaginationen, S. 125.
[373] Das Prinzip der „Sprengung und Entgrenzung der Form" entwickelte Braun ausgehend von Alfred
Hrdlickas *Mahnmal gegen Krieg und Faschismus* für die Literatur. Vgl. ESSEN, Volker Brauns Wende-Imaginationen, S. 126; BRAUN, Leipziger Vorlesung, S. 181f.
[374] ESSEN, Volker Brauns Wende-Imaginationen, S. 125.

den als ‚Text' bezeichnet werden.[375] Als viertes Element erwähnt Gesa von Essen das Verwenden verschiedener Schriftformen.[376] Dies wird in *Iphigenie in Freiheit* in der Gegenüberstellung von gewöhnlicher Groß- und Kleinschreibung und Majuskeln deutlich. Aufgrund all dieser Übereinstimmungen scheint *Iphigenie in Freiheit* ein Paradebeispiel für Brauns ‚Poetik der Wende' zu sein.

> „Brauns Texte lassen [...] die für die engagierte Literatur insgesamt signifikante Spannung zwischen ästhetischer Mehrdeutigkeit und appellativer Eindeutigkeit erkennbar werden: zunächst hatte er durch die intertextuelle und dialektische Polyvalenz seiner Poesie die politische und ästhetische Einlinigkeit des offiziellen Diskurses zu unterlaufen versucht, damit aber zugleich die deklarierte Wirkungsabsicht seiner engagierten Literatur durch ihre intellektuelle und formal überaus ambitionierte Gestalt erschwert."[377]

6.2. Strategie der Mythostransformation

> *die heutigen zeiten drehen uns die worte von gestern im mund um, die harmlosen mögen schrecklich klingen und die schrecklichen harmlos. die wirklichkeit selber arbeitet die texte um, man muß ihr folgen, um realistisch zu bleiben.*[378]

Der Text *Iphigenie in Freiheit* besteht aus vier lose miteinander verknüpften Einzeltexten, die aufgrund ihrer Armut an äußerer, dramatischer Handlung und aufgrund des verdichteten Reflexionsmaterials eher an lyrische Bilder, als an einen Dramentext erinnern. Auf diese Ambivalenz weist Karlheinz Liefers hin, der bei der verspäteten Uraufführung in Cottbus Regie geführt hatte: „Die Texte sind weniger

---

[375] Durch ein loses Einlageblatt wird *Iphigenie in Freiheit* in der Erstausgabe des Suhrkamp-Verlages als „szenischer Text" vage kategorisiert. BRAUN, VOLKER: Iphigenie in Freiheit, Frankfurt am Main 1992.
[376] ESSEN, Volker Brauns Wende-Imaginationen, S. 126.
[377] ESSEN, Volker Brauns Wende-Imaginationen, S. 129f.
[378] BRAUN, Leipziger Vorlesung, S. 183.

Spiel- als Denkmaterial. Sie in ‚Spiel' auflösen zu wollen, löst sie auf. Sie in ‚Bilder' zu zwängen, zwingt ihnen ihre Bildhaftigkeit ab."[379] Jedem Bild liegt ein anderer mythologischer Prätext zugrunde, der jeweils reichlich mit weiterem intertextuellen Material versehen wird. Der zentrale mythologische Prätext für das erste Bild (*Im Spiegelzelt*) ist die *Elektra* des Sophokles, für das zweite Bild (*Iphigenie in Freiheit*) die beiden Iphigenie-Tragödien des Euripides (*Iphigenie in Aulis* und *Iphigenie bei den Taurern*), insbesondere aber Goethes *Iphigenie auf Tauris*, für das dritte Bild (*Geländespiel*) die *Antigone* des Sophokles und für das vierte Bild (*Antikensaal*) die *Theogonie* Hesiods und Schillers *Brief eines Reisenden Dänen*.

Den Aufbau, der diese einzelnen Bilder miteinander verbindet hat Grauert plausibel dargestellt:[380] *Im Spiegelzelt* wird durch den mythologischen Rückgriff auf Orest und Elektra die Gegenwart als Zeitenwende bestimmt, bevor in *Iphigenie in Freiheit* die gesellschaftlichen und zivilisatorischen Verhältnisse dieser Epoche genauer skizziert werden. Charakteristisch dafür ist der Zusammenprall zweier Gesellschaftssysteme, wobei das eine das andere mehr und mehr zurückdrängt. Von dieser gegenwärtigen Situation ausgehend fokussieren die beiden letzten Bilder die Zukunft. Im *Geländespiel* wird durch die Verknüpfung von nationalsozialistischem Erbe und Kapitalismus der Zusammenhang von Konsum und Zerstörung von Humanität vorgeführt. In *Antikensaal* schließlich wird der Untergang der gesamten Menschheit durch die technische Zivilisation und der Mord an Mutter Erde prognostiziert.

Da es in dieser Arbeit primär um die Figur der Iphigenie und den direkten zeitgeschichtlichen Bezug des Textes geht, steht das zweite Bild, *Iphigenie in Freiheit,* im Zentrum der Untersuchung. Daher wird im Folgenden der Titel *Iphigenie in Freiheit* zur Bezeichnung dieses Bildes benutzt und nicht zur Bezeichnung des gesamten Werks. Das Bild *Iphigenie in Freiheit* scheint innerhalb der Gesamtkomposition das Element mit den direktesten zeitgeschichtlichen Bezügen auf eine konkrete historische Zeit, nämlich die der ‚Wende' und der Wiedervereinigung Deutschlands zu sein, während die anderen Bilder von universaler Bedeutung sind. *Im Spiegelzelt* ist für uns in erster Linie

---

[379] KARLHEINZ LIEFERS: Erfahrungen kollektiver Natur. Überlegungen zur Inszenierung, in: Programmheft zu Volker Brauns Inszenierung der ‚Iphigenie in Freiheit' am Staatstheater Cottbus 1992.
[380] GRAUERT, Furor melancholicus, S. 172.

als Prolog interessant, in dem das Gewaltthema in enger Verknüpfung mit poetologischen Aussagen eingeführt wird.

6.2.1. *Im Spiegelzelt* als poetologischer Prolog

Den mythologischen Prätexten entsprechend werden die Atriden als eine Familie vorgestellt, deren Geschichte durch sich wiederholende Akte der Gewalt gekennzeichnet ist. Zur Konstruktion der Vorgeschichte der Iphigeniehandlung und als Initiationsmoment einer möglichen Gewalthandlung Orests, wird auf eine Zeitungsnotiz verwiesen, in der der Mord an Agamemnon veröffentlicht wird.[381] Obwohl an mehreren Stellen Orest und Elektra[382] versuchen, auf Gewaltanwendung zu verzichten und das Rachemotiv zu überwinden, erfolgt dadurch keine Veränderung der auf Unrecht und Gewalt basierenden Grundsituation. Die Idee des Gewaltverzichts wird durch ein langes Zitat aus Georg Büchners Drama *Dantons Tod* eingeführt, das, mythologisch gesehen, hier von einer Orestfigur gesprochen wird:

> *Ich steige aus, mein Junge. Ohne mich. [...] Ich sehe keinen Hund, der uns länger zum Töten zwänge. [...] Und wenn es ginge – ich will lieber erschossen werden als schießen. Ich werde nicht, du wirst nicht, er wird nicht. Dann wollen wir leben [...].*[383]

In Orests Tatverweigerung erkennt Grauert einen neuen Typus politischen Handelns. Im Gegensatz zum antiken Orest, der den Auftrag ausführte, und dem Shakespeareschen Hamlet, der den Auftrag prüfte, bevor er ihn ausführte, befreit sich Brauns Orest vom Druck der Tradition, indem er seinen Auftrag verwirft.[384]

Dieser Andeutung eines Bruchs mit der Tradition entspricht ein unmittelbar davor von einer Elektrafigur gesprochener Satz, in dem sie

---

[381] BRAUN, Iphigenie, S. 127.
[382] Aufgrund des Verzichts auf die Markierung von Sprecherrollen fällt es schwer, zwischen Orest und Elektra zu unterscheiden. Dies ist durchaus intendiert, denn in den Anmerkungen schreibt Braun: *Die Selbstbegegnung im Spiegel, Orestelektra (ein Schauspieler oder eine Schauspielerin) in das Geschehen gerissen: WENN DU DER BIST, DANN MUSS ICH DIE SEIN, der Moment des Erkennens der Sturz in ein Leben mit Folgen, Täter oder Verweigerer in der bekannten Geschichte, die tödlich ist so oder so, WENN WIR DAS BLATT NICHT WENDEN.* (BRAUN, Iphigenie, S. 144.)
[383] BRAUN, Iphigenie, S. 129. – Vgl. BÜCHNER, Dantons Tod, Stuttgart, 2002, II,1, S. 32.
[384] GRAUERT, Furor melancholicus, S. 168f.

über die Möglichkeit nachdenkt, Orest die Übergabe des für den Muttermord benötigten Tötungsinstrumentes zu verweigern: *Reiche ich ihm das Hackbeil für die Tat / Nach der Vorschrift oder meine Hand / Wendet das Blatt.*[385] Dieser Satz ist von zentraler poetologischer und metaphorischer Bedeutung. Auf die Polyvalenz des Substantivs *Vorschrift,* die sowohl den Götterbefehl Apolls als auch die literarische Tradition der Prätexte einschließt, hat bereits Anthonya Visser hingewiesen.[386] Poetologisch wird im Satz auf die Möglichkeit individueller Freiheit des Autors innerhalb einer Transformation angespielt. „Die Verantwortung für den Ablauf eines Textes bewegt sich folglich zwischen den Gegensätzen intertextueller Verpflichtung und individueller Freiheit."[387] In Abweichung von der literarischen Tradition bestünde die Möglichkeit, einer Figur die Ausstattung des Hackbeils als Synonym eines beliebigen Tötungsinstruments zu verweigern, um dadurch den traditionellen Kreislauf der Gewalt zu durchbrechen. Metaphorisch könnte das Wenden des Blattes für die ‚Wende' 1989/90 als einer möglichen Wende im Geschichts- und Zivilisationsprozess stehen. Die poetologische und metaphorische Ebene verbindet die Frage, ob es überhaupt eine neue, andere Geschichte gibt, oder ob die Weltgeschichte ebenso vorgeschrieben ist wie der Mythos und ein Entrinnen aus der Gewalt zur Unmöglichkeit verdammt ist. Die Unmöglichkeit der Realisierung der Utopie einer realen, humanen Wende führt der Autor durch eine Zitatcollage aus Bühnenstücken vor, in denen es um gescheiterte Versuche geht, gesellschaftliche und zivilisatorische Verhältnisse zu verändern. Der historischen Chronologie entsprechend, zitiert er Schlusspassagen repräsentativer Werke der deutschen Literaturgeschichte von Lessings *Philotas,* über Büchners *Dantons Tod* hin zu Brechts *Untergang des Egoisten Fatzer* und Christa Wolfs *Kassandra,* um schließlich die Tradition bestätigend, mit einem Eigenzitat aus der *Übergangsgesellschaft* abzuschließen.[388]

Glaubt ihr Menschen, daß man es nicht satt wird?
Es lebe der König!
Und von jetzt ab und eine ganze Zeit

---

[385] BRAUN, Iphigenie, S. 129.
[386] Vgl. VISSER, „Und so wie es bleibt ist es.", S. 138.
[387] Vgl. VISSER, „Und so wie es ist bleibt es", S. 138.
[388] CRĂCIUN, Die Politisierung des antiken Mythos, S. 153-156; VISSER, „Und so wie es bleibt ist es", S. 139-142.

Wird es keine Sieger mehr geben
Sondern nur noch Besiegte.
Ich brauche nichts. Ich bin da, da.[389]

Der blutigen Geschichte der Atriden begegnet im Text die Geschichte Deutschlands, die vom Schrecken des Zweiten Weltkriegs, über die DDR als Projekt einer besseren Gesellschaftsform, bis hin zu deren Ende, dem Einzug des Kapitalismus und dem aufflammenden Neo-Nationalsozialismus der 90er Jahre explizit thematisiert wird. Die Suche nach Sprache und nach der Möglichkeit einer Wende bleibt trotz Geschichtspessimismus offen.

6.2.2. Iphigenie als stummes Handelsobjekt

Tendenzen, die die Figur der Iphigenie in den bisher untersuchten modernen, deutschsprachigen Transformationen bestimmen, vereinigen sich in radikalisierter Form in Brauns *Iphigenie in Freiheit*. Iphigenie, die im Dienst der Ideologie Menschenopfer ausgeführt hatte, ist wie die Protagonistin in Gerhart Hauptmanns Drama *Iphigenie in Delphi* ‚schuldig'. Indem sie sich des Blutes an ihren Händen bewusst wird, beginnt sie Verantwortung für ihre Taten zu übernehmen, die sie im Glauben an die Ideologie bewusst ausgeführt hatte.[390] „Entmythologisiert man das Bild der ‚Götter', die Iphigenies Schicksal bestimmen, indem man sie auf den historischen Kontext bezieht (NS-Diktatur, Zweiter Weltkrieg, Aufbau des Sozialismus), so verweisen sie auf die sozialistische Utopie im Sinne der marxistischen Geschichtsphilosophie als einer Form der säkularisierten Heilsgeschichte."[391] In ihrem Glauben an ‚Tauris', als Beginn einer neuen, besseren Weltordnung war sie bereit, im Dienste der Macht, an die sie geglaubt hatte, Verbrechen auch gegen die Menschlichkeit zu begehen und wurde so gleichermaßen zu Opfer und Täterin.

---

[389] BRAUN, Iphigenie, S. 131.
[390] *Was trag ich für ein blutiges Gewand.* (BRAUN, Iphigenie, S. 132.) – *Wovon denn leben wenn die Toten / Ihr Fleisch zurückverlangen und ihr Blut. / Ich hab es an meinen Händen, Thoas.* (BRAUN, Iphigenie, S. 133.)
[391] GRAUERT, Furor melancholicus, S. 195.

Was bin ich dir gewesen, König Thoas
Seit mich die Götter in dein Reich entrückten
Wie im Fluge in die bessre Welt
Aus dem Weltkrieg in den Weltfrieden.
Ich war bereit immer bereit zu dienen
Am Altar der Göttin jeden Fremdling
Tötend. Was war das für eine wahnsinnige
Liebe, Thoas, zur Sache, Thoas [...].[392]

Mit Fassbinders und Bergs Iphigenien verbindet sie Lethargie, Handlungsunfähigkeit und Sexualisierung, wobei das in den beiden zuvor untersuchten Texten angedeutete Verstummen bei Braun dadurch radikalisiert wird, dass Iphigenie tatsächlich äußerlich schweigt. Durch das äußere Schweigen büßt Iphigenie ihr Potential als wirkungsmächtige, humanisierende Kraft ein, obwohl sie als Reflexionsfigur ganz in der Tradition Goethes steht. Die inneren Monologe Iphigenies werden orthographisch in gewöhnlicher Groß- und Kleinschreibung den in Majuskeln dargestellten Redebeiträgen der Sprechenden (Orest, Pylades, Thoas) gegenübergestellt, wobei orthographisch nicht zwischen Orest/Pylades und Thoas unterschieden wird. An vielen Stellen sind die Sprecherrollen somit nicht eindeutig zuzuweisen, und damit wird die Differenz zwischen den beiden Griechen und dem Taurer zumindest orthographisch aufgehoben. Iphigenie, die in einer reflexiven Haltung auf ihre frühere Stellung in ‚Tauris' zurückblickt und gleichzeitig die Vorgänge der sie umgebenden Gegenwart beobachtet, gelingt es nicht, in ein dialogisches Verhältnis mit der Außenwelt zu treten. In dieser, in sich selbst zurückgezogenen Figur der Iphigenie, diagnostiziert Grauert einen depressiven Zustand, den er als „status melancholicus"[393] bezeichnet. Ihre Stummheit und ein Würgemal signalisieren ihr „Sacrificium intellectus"[394]. So plausibel die beiden Symptome scheinen, so widersprüchlich sind sie. Aufgrund des Verzichts auf Regieanweisungen ist es an einigen Stellen nicht klar, ob die Worte Iphigenies tatsächlich ‚nur' innerer Monolog sind, oder ob ihre Stummheit auf Fremdzuschreibung basiert.[395] Noch schwieriger

---

[392] BRAUN, Iphigenie, S. 132.
[393] GRAUERT, WILFRIED: Brief an einen Freund, der sich schwer tut mit Texten Volker Brauns aus der Wendezeit, in: Volker Braun. Arbeitsbuch, hg. von Frank Hörnigk, Berlin 1999, S. 70f.; vgl. auch GRAUERT, Furor melancholicus, S. 166-206.
[394] Grauert, Furor melancholicus, S. 174.
[395] *SIE SPRICH NICHT AN. [...] WEIL SIE STUMM IST.* (BRAUN, Iphigenie, S. 132.)

wird es bei der Untersuchung des „Würgemals", bei dem sich die beiden Textausgaben widersprechen. In der Suhrkamp-Ausgabe (1992), auf die sich die gesamte Forschungsliteratur zu beziehen scheint, steht „Würgemal", während in der Gesamtausgabe des Mitteldeutschen Verlags (1993) „Würgemahl"[396] abgedruckt ist. Diese Widersprüchlichkeit sollte nicht übersehen oder als Druckfehler abgetan werden (obwohl es sich durchaus um einen solchen handeln könnte), sondern im Zusammenhang mit Brauns ,Ästhetik der Widersprüche' genauer geprüft werden. Sowohl beim Würgemal als auch beim Würgemahl handelt es sich um eine schmerzliche Verengung im Halsraum, die aufgrund äußerer Gewalteinwirkung erzeugt wurde, im ersten Fall durch körperliche Gewalt und im zweiten durch eine unbekömmliche Speise. Unbestreitbar würde das „Würgemal" besser in den Satzzusammenhang passen, um die unterdrückende, gewaltsame Vereinnahmung Iphigenies durch Thoas zu markieren und diese allegorisch auf die „Deformation" zu übertragen, die sie als Mitglied der realsozialistischen Gesellschaft durch die „stalinistische Diktatur" erfahren hatte.[397]

Er lässt mich los aus seinen Händen, seht ihr
Das Würgemahl [Würgemal]. So hat er mich geliebt
Für nichts als ein kindliches Lächeln. Thoas.[398]

Wenn wir die Textausgabe des mitteldeutschen Verlags ernst nehmen, ist zunächst der Umstand befremdlich, dass Iphigenie auf die Sichtbarkeit des Würgemahls hinweist. Im Kontext steht der zwanghafte Einverleibungsvorgang einer unbekömmlichen Speise in direktem Zusammenhang mit der diagnostizierbaren Stummheit der Figur, denn der Würgevorgang bezieht sich auf textliches Material, wie das Verb ,würgen' zeigt, das dem Würgemahl in der Ausgabe des Mitteldeutschen Verlags auf der folgenden Seite in der identischen Zeile gegenübergestellt ist.

---

[396] BRAUN, Iphigenie, S. 132.
[397] GRAUERT, Furor melancholicus, S. 194.
[398] BRAUN, Iphigenie, S. 132.

Das neue Denken
In seinem alten Kopf, mein alter Text
An dem ich würgte, den ich kotzte, schrie
Gegen die Brandung nachts am nackten Strand
Das Land der Griechen mit der Seele suchend
Der Kinderglaube an die heile Welt.[399]

Ein organischer Kampf mit unbekömmlichem Wortmaterial wird geschildert, ohne dass die Würgerichtung klar zu erkennen wäre. In diesem Kampf um die Gültigkeit und Bekömmlichkeit von Worten stehen sich zwei unterschiedliche Texte gegenüber: Iphigenies alter Text und Thoas' alter Text. Im Zuge der Veränderungen in ‚Tauris' scheint Thoas seinen alten Text gegen einen neuen Text ausgetauscht zu haben, der identisch mit Iphigenies altem Text zu sein scheint. In einer in der Vergangenheit liegenden Zeit, vor Ankunft der Griechen, hatte Iphigenie ihren eigenen Text schmerzvoll hinuntergewürgt und es gelingt ihr nun nicht mehr, diesen zu re-aktualisieren. Aufgrund eigener traumatischer Erfahrungen scheint sie zu einem *Kinderglauben an die heile Welt*[400] nicht mehr in der Lage zu sein und verstummt deshalb. Der alte Text Iphigenies bezieht sich auf den utopischen Gehalt des Goetheschen Prätexts, an den mit dem Zitat *das Land der Griechen mit der Seele suchend*[401] erinnert wird. Im Gegensatz zu den am Ende von *Im Spiegelzelt* zitierten Passagen vom Scheitern eines revolutionären Wandels, stellt Goethes Iphigenie gerade den utopischen Erfolg eines gesellschaftlichen und zivilisatorischen Wandels dar. Durch die Rücknahme dieses Textes durch Brauns Iphigenie wird der Glaube an den Erfolg des Humanitätsprojekts zurückgenommen. Grauert sieht in Iphigenies Verstummen das Ablegen ihrer Präzeptorrolle und darin Brauns „Abschied vom Amt des Präzeptors."[402]
Über die Stummheit hinausgehend, ist Iphigenie zum passiven Objekt degradiert, mit dem Handel betrieben wird. Ihren Weg in die Freiheit verdankt sie nicht wie bei Goethe ihrem eigenen Emanzipationsversuch, sondern dieser wird als eine Art Menschenhandel von außen herbeigeführt. Der Handel mit Waren und Konsumgütern spielt in der neuen Welt, mit der Iphigenie durch *zwei fette Makler, Gangster auf*

---

[399] BRAUN, Iphigenie, S. 133.
[400] BRAUN, Iphigenie, S. 133.
[401] GOETHE, Iphigenie, I,1, V. 12.
[402] GRAUERT, Furor melancholicus, S. 196.

dem Markt[403] konfrontiert wird, eine zentrale Rolle. Will sie in der neuen Ordnung bestehen, wird sie gezwungen sein, Rechnen zu lernen,[404] Teil des konsumorientierten kapitalistischen Systems zu werden[405] und gleichzeitig ihre Autonomie als Frau einzubüßen.[406] Der Handel wird so weit getrieben, dass er die gesamte Existenz Iphigenies betrifft, indem sowohl ihr Land als auch ihr Körper käuflich werden. Für ein Spottgeld reißen sich westliche Makler und Investoren das Land Iphigenies unter den Nagel[407] und entwaffnen die Frau mit der Macht der Werbung, bis sie sich selbst prostituiert.

> *Nimm es dir, Pylades*
> *Mein Eigentum. Entwaffnet von der Werbung*
> *Geht Iphigenie handeln mit der Lust*
> *Und mit der Liebe. Lust und Liebe sind*
> *Die Fittiche zu großen Taten.*[408]

In der Gier des Pylades nach Iphigenies Körper und in der Verfügungsgewalt anderer über diesen,[409] spiegelt sich die Gier des Westens nach dem Osten, die Jochen Berg als ‚West-Ost-Kolonialismus' bezeichnet hatte.

Indem sie in einem letzten Reflexionsschub die Irrelevanz ihres bisherigen ‚Wissens' erkennt, wird sie sich ihrer eigenen Identität bewusst.

> *Jetzt wird es endlich schwer. Ich weiß nichts mehr*
> *Und weiß wer ich bin. Ich bin Iphigenie*
> *Und lebe dieses unlösbare Leben*
> *[...]*
> *Lust Haß Lust. Dieses Gefühl*
> *Ganz unauflöslich schneidet mich in Stücke*
> *Und wirbelt mich wie Köder vor die Fische*
> *Vögel pickt mich auf, Winde zerstreut mich [...].*[410]

---

[403] BRAUN, Iphigenie, S. 134.

[404] *IN UNSRE SCHULE WIRD DIE SCHÖNE GEHEN / UND RECHNEN LERNEN.* (BRAUN, Iphigenie, S. 134.)

[405] *Geschminkt gekleidet Iphigenie. / Iphigenie im Supermarkt. / Schaufensterpuppe Iphigenie.* (BRAUN, Iphigenie, S. 134f.)

[406] *Ab an den Herd. DU UNDANKBARES DING.* (BRAUN, Iphigenie, S. 135.)

[407] BRAUN, Iphigenie, S. 135.

[408] BRAUN, Iphigenie, S. 135.

[409] *NIMM SIE DIR PYLADES. SIE IST EIN WEIB./ UND MIR VERSPROCHEN HABEN SIE DIE GREMIEN.* (BRAUN, Iphigenie, S. 134.)

[410] BRAUN, Iphigenie, S. 137.

Iphigenies Persönlichkeit droht, zwischen unvereinbaren Gefühlslagen und Systemen[411] zerrissen, neben der psychischen auch eine physische Beschädigung. Diese wird durch einen beobachtenden Blick in die Vergangenheit und in die Zukunft ausgelöst und ist zeitgeschichtlich eng mit der Beschädigung der sozialistischen Utopie verknüpft. In der Retrospektive muss sie ihre Schuld erkennen, die sie als handelndes Glied im Dienst der Ideologie auf sich geladen hatte.

> „Das ganze Ausmaß des Scheiterns erkennt sie beim Blick zurück auf die Anfänge ihres emphatischen Engagements für den Aufbau einer neuen Gesellschaft, hinter deren Konzept das in der Tradition von Humanismus und Aufklärung verankerte antifaschistisch-demokratische Programm der sozialistischen Gesellschaft steht."[412]

Im Blick auf die Gegenwart und Zukunft erkennt sie, dass die ‚Wende' anders erfolgt war, als sie es sich gewünscht hatte, und dass es, wie *Im Spiegelzelt* angedeutet, keine reale, neue, humane Wende geben wird. Bereits im Text hatte sich die der politischen Wirklichkeit abgeschriebene Vereinnahmung des sozialistischen Ostens durch den kapitalistischen Westen angedeutet, an der Volker Brauns Hoffnung auf eine ‚sozialistische Wende' zerbrochen war.

In einer optimistischen Lesart der oben zitierten Textpassage betont Chiarloni, dass das Wiederfinden der eigenen Identität Iphigenies nur über das Vergessen der Ideologien möglich sei.[413] Im Text allerdings folgt dem Finden der eigenen Persönlichkeit nicht, wie man hätte erwarten können, deren Stabilisierung, sondern deren Auflösung, die Preußer als „Subjektdissoziation"[414] bezeichnet. Die Frage, ob diese dauerhaft oder ‚heilbar' ist, kann nicht widerspruchsfrei beantwortet werden. Grauert deutet die Szene aufgrund ihrer dialektischen Struktur als „eine Phase der Inkubation [...], in der sich ein neues produktives Verhältnis zur Wirklichkeit vorbereitet."[415] Wie lange dieser Pro-

---

[411] Ihre nostalgische Gebundenheit an Thoas wird in einem neuen Blick auf ihn deutlich – *Ein Heiliger aber halb verhungert / Kein Hemd am Leib aber lächelnd wie / Ich, die ihn jetzt lieben darf. Mein Thoas.* (BRAUN, Iphigenie, S. 133.) – während sich gleichzeitig ihrem Bruder zuwendet, der sie ausführt in die Welt. (BRAUN, Iphigenie, S. 134.)

[412] GRAUERT, Furor melancholicus, S. 174.

[413] CHIARLONI, ANNA: Warum nimmt Thoas am S. Remo-Festival teil? Nachdenken über Iphigenie im zehnten Jahr der Wiedervereinigung, in: Volker Braun. Arbeitsbuch, hg. von Frank Hörnigk, Berlin 1999, S. 86.

[414] PREUßER, Allegorisierung des Zivilisationsdramas, S. 380. In der Art, wie die Subjektdissoziation hier beschrieben wird, weist Preußer auf Verbindungslinien zum Mythologem von Isis und Osiris hin.

[415] GRAUERT, Furor melancholicus, S. 180.

zess dauern wird, bleibt offen. Vielleicht begegnet Brauns Iphigenie zehn Jahre später den Lesern von Christa Wolfs 2002 erschienener Erzählung *Leibhaftig* als namenlose Patientin.

Verletzt.
Etwas klagt, wortlos. Ein Ansturm von Worten gegen die Stummheit, die
sich beharrlich ausbreitet, zugleich mit der Bewußtlosigkeit.[416]

Nimmt man in einer dritten Lesart die ‚Auflösung' Iphigenies als Tötungsanweisung, findet sie bei Kleist im Selbstmord Penthesileas durch einen Sprechakt eine intertextuelle Vorlage.[417] Mit dem möglichen Tod oder zumindest endgültigen Verschwinden Iphigenies steht Chiarlonis optimistischer Lesart eine depressive Lesart gegenüber, in der der im Titel formulierte Freiheitsbegriff – *Iphigenie in Freiheit* – ad absurdum geführt wird. Die Abschiedsworte Iphigenies, die möglicherweise hörbar geäußert werden, bezeichnet Chiarloni als „panikartigen prometheischen Impuls."[418]

O Freude, in der Welt sein
Alles schmecken Tod und Leben, Thoas
Sag mir Leb wohl. Sags wieder: Lebe wohl.[419]

Diese Worte könnten an Thoas gerichtet sein. Durch das Pronomen ‚mir' markiert, bezieht sich die Abschiedsgeste einzig auf Iphigenie. Mit einem, der Wahrnehmung der Griechen zufolge, irrem Lachen[420] reagiert sie auf Thoas' an Goethe gemahnendes *LEBT WOHL.*[421] Diese emotionale, fast hysterische Reaktion, drückt Iphigenies Verzweiflung über die Ferne des Goetheschen Prätextes aus. Hat sie erkannt, dass weder sie selbst noch Thoas der Vorlage Goethes entsprechen, und dass es kein friedliches *Lebt wohl* geben kann? Wenn dem so ist, so scheint die ‚Wende' keine reale Wende der Verhältnisse zum Guten hin zu sein, sondern viel eher die vollständige Eliminierung einer Gesellschaftsutopie. Iphigenies Lachen könnte eine Sehnsuchtshaltung

---

[416] WOLF, CHRISTA: Leibhaftig, München 2003.
[417] Vgl. KLEIST, Penthesilea, S. 427, V. 3026-3034.
[418] CHIARLONI, Warum nimmt Thoas am S. Remo-Festival teil, S. 86.
[419] BRAUN, Iphigenie, S. 137.
[420] *WAS LACHT SIE, DIE KAPUTTE. EINE IRRE.* (BRAUN, Iphigenie, S. 137.)
[421] BRAUN, Iphigenie, S. 137.

nach einer Zeit, einem zivilisatorischen Zustand ausdrücken, in dem Thoas sein versöhnendes Abschiedswort wieder sagen kann.[422]
Nach diesem ‚Anfall' tritt Iphigenie selbst nicht mehr auf und Majuskeln markieren die alleinige Dominanz der sprachgewaltigen ‚Handelspartner'. In Abweichung von den Prätexten nimmt Thoas am Ende sein *LEBT WOHL* zurück. Irritierend erscheint der letzte Abschnitt, in dem Kalchas genannt, und ein Kindsmord am Hafen geschildert wird.

> *WAS FÜR EIN GESCHREI AM HAFEN. / EINE FRAU*
> *SIE HAT IHR KIND AM LEIB ERDRÜCKT AUS ANGST. /*
> *ERDRÜCKT AM LEIB; KALCHAS. / IHR KIND AM LEIB. /*
> *AUS ANGST VOR DEN SOLDATEN. / NEIN, ZERSCHMETTERT*
> *HAT SIE DAS KINDLEIN, HEISST ES, AN DER SCHIFFSWAND.*[423]

Vor der mythologischen Vorlage des Schicksals Iphigenies in Aulis, der zufolge der Vater durch Kalchas' Auslegung des Götterwortes zum Mörder der eigenen Tochter geworden ist, markiert das neue Kindsmordmotiv am Hafen, in leicht veränderter Konstellationen, den Neubeginn des Gewaltzyklus. Am Ende von *Iphigenie in Freiheit* steht der Tod.

6.2.3. Sprache, die verstummen lässt – Ausverkauf und Handelspartner

> *Nach der Kolonisierung sind Sieger und Besiegte*
> *ununterscheidbar in ihrer beliebigen Tätigkeit, die*
> *die Individualität auslöscht [...].*[424]

Iphigenies äußerlich verstummter und am Ende auch innerlich verstummender Sprache der Reflexionen steht, im Schriftbild durch Majuskeln markiert, das gesprochene Wort von Orest, Pylades und Thoas gegenüber. Bereits die einleitenden Worte, *ZUR SACHE THOAS*[425] legen dominante Sprecherrollen fest und leiten den Text als Dokument einer Verhandlung ein. Anfangs hat diese den Charakter einer Ge-

---

[422] WEDER, Geschichte als Mythos, S. 250.
[423] BRAUN, Iphigenie, S. 138f.
[424] BRAUN, Iphigenie. Anmerkungen, S. 144.
[425] BRAUN, Iphigenie, S. 131.

richtsverhandlung, in der Thoas und Iphigenie nach ihrem Verhältnis zueinander befragt werden. Bereits die Festlegung der Befreiung Iphigenies durch Orest und Pylades markiert den Übergang von einer juristischen hin zu einer ökonomischen Verhandlungssituation. Da Iphigenie in der Fremdwahrnehmung als ‚stumm' erscheint bzw. ihr Stummheit zugeschrieben wird,[426] sprechen andere für sie und bestimmen, was gut für sie ist. Offen bleibt dabei die Frage, ob sie tatsächlich schweigt, oder ob ihre Worte nicht wahrgenommen werden. Indem Orest und Pylades die Wünsche Iphigenies interpretieren, erscheinen diese als Projektionen ihrer eigenen Wünsche.

STARREND NACH GRIECHENLAND. / NACH WESTEN, WIE.
[...]
SIE SIEHT NOCH IMMER FERN, AUFS FLIMMERBILD
DER FREIHEIT. SCHWESTERCHEN. / WIR BRINGEN SIE.[427]

Für die Griechen Orest und Pylades gibt es, um mit Kleist zu sprechen, nur *Kraft und deren Widerstand, nichts Drittes.*[428] Kraft und Ideal sehen sie in ihrem eigenen, kapitalistischen Gesellschaftssystem, während der ‚untergegangene' Sozialismus für sie eine negative Gegenkraft darstellt. Ihr Ziel ist es somit, Land und Leute auf ihre Seite hinüberzuziehen. Für die Möglichkeit eines ‚dritten Weges' sind sie, wie Odysseus, blind. Die Wende in Brauns Tauris wurde nicht von außen erreicht, denn Thoas selbst hatte, nachdem er keine andere Chance mehr hatte, und die UdSSR wirtschaftlich ruiniert war, in seiner Orientierung nach Westen die Wende bereits selbst vollzogen, sich dem neuen alten Denken angepasst und sein Land dem Ausverkauf preisgegeben.

In der Befreiung Iphigenies wird der Begriff der Freiheit ad absurdum geführt, indem sie, wie oben ausgeführt, zum passiven Handelsobjekt, zur Ware degradiert wird. Der Zustand, in den sie von den Griechen versetzt wird, ist paradox, denn ihr wird aufoktroyiert, was die beiden Griechen für ihre Freiheit halten. Am Erringen der Freiheit hat sie selbst keinen Anteil.

---

[426] *SAGST DU NICHTS; SCHWESTERCHEN. / SIE SPRICH NICHT AN. / WARUM NICHT, THOAS. / WEIL SIE STUMM IST, FREUND. / SEIT WANN. SIE PLAPPERTE EINST WIE EIN BUCH. / DA WAR SIE NOCH EIN KIND.* (BRAUN, Iphigenie, S. 132.)
[427] BRAUN, Iphigenie, S. 132.
[428] KLEIST, Penthesilea, V. 126, S. 327.

Dem Sprachgestus der lauten, ‚großen' Worte steht die Stummheit Iphigenies gegenüber, dieser ist aber ebenfalls vom Fehlen einer echten Kommunikation geprägt. Somit ist das Fehlen von Rollenzuschreibungen im Schriftbild eine konsequente typographische Umsetzung des Fehlens von Dialogen. Anhand des Schriftbildes kann lediglich zwischen stummer Reflexion und lautem Handel unterschieden werden. Der Verzicht darauf, die gegensätzlichen Handelsparteien typographisch zu markieren, könnte unterschiedliche Gründe haben. Einerseits könnte damit typographisch dargestellt werden, dass die beiden Parteien in Einigkeit über den bereits abgeschlossenen Handel zu einer gemeinsamen Sprache gefunden haben. Andererseits aber könnte damit angezeigt sein, dass Thoas, obwohl er spricht, keine Stimme mehr besitzt, da er sich gegen die Griechen nicht behaupten kann, von denen alle Verhandlungsimpulse ausgehen. Das wirtschaftliche Verhandlungsgespräch leiten die Griechen mit einem Ritual ein:

PROST GOBRATSCHOW. VERTILGEN WIR EINEN. /
WIR HABEN NOCH EIN HÜHNCHEN MITEINANDER
ZU ZERRUPFEN.[429]

Im Anschluss daran bestimmen sie selbst den ökonomischen Handelsaspekt ihrer Handlungen und definieren sich selbst als ein *GESCHLECHT DER HÄNDLER,* als Repräsentanten der kapitalistischen Ordnung.

JETZT HEISST ES HANDELN, HILF OREST. GESCHAFFEN
ZUM HANDELN IST DER MENSCH. / ZUMAL DER GRIECHE
EIN GRIECHE BIN ICH VOM GESCHLECHT DER HÄNDLER.[430]

Der Handel der Griechen bezieht sich erstens auf Iphigenie, die schlichtweg einkassiert wird, zweitens auf Thoas, der sich ganz auf den Handel einlässt, indem er Denk- und Verhaltensmuster der Griechen übernimmt, und drittens auf das Ländchen, das in Zukunft kapitalistisch beherrscht sein wird. Auf den ersten Blick scheint Brauns Text wie Goethes *Iphigenie auf Tauris* Züge eines Aufklärungsdramas aufzuweisen, das sich an Thoas richtet.

---

[429] BRAUN, Iphigenie, S. 133.
[430] BRAUN, Iphigenie, S. 134.

EIN AUFGEKLÄRTER HERR, DER EDLE THOAS. /
ER IST EIN GUTER MENSCH GEWORDEN, EDEL
NICHTWAHR SEI DER MENSCH HILFREICH UND GUT.[431]

Wie bei Goethe kommt der Impuls der Aufklärung aus dem westlichen Griechenland. Der Unterschied besteht darin, dass Iphigenie keinen Anteil daran hat und die Griechen die einzigen Agenten der auf Handel basierenden Wende sind. Der ‚Aufklärungsaspekt' bezieht sich auf die stumme Einsicht des Thoas in die Existenz der neuen Weltordnung. Allerdings muss dieser erkennen, dass er verloren ist.[432] Die Griechen verweigern ihm ihre Unterstützung. Es scheint ihnen mehr ‚ums Ländchen' und den Sieg ihrer Weltordnung als um die Menschen selbst zu gehen. Die Zurücknahme des versöhnenden Abschiedswortes durch Thoas: *BLEIBT STEHN, IHR GRIECHEN. KEINER VERLÄSST DEN RAUM*[433] scheint in Wirkungslosigkeit zu verpuffen und als Reaktion ironisches Kopfschütteln hervorzurufen: *WAS MACHST DU, THOAS.*[434] Dieser Ausgang des Textes weist darauf hin, dass neben Iphigenie auch Thoas im eigentlichen Sinne sprachlos ist.

6.3. Funktion der Mythostransformation

6.3.1. Goethe und die Zerstörung des Dialogs

> *Die Ideale der Klassik uneinholbar in der Vergangenheit,*
> *ihr Fehler die Lösung für den kleinen Kundenkreis,*
> *das Glück im Weimarer Winkel und nicht in den Massen*
> *der Welt, IPHIGENIE FREI DER SAAL GELEIMT.*[435]

„Dem geglückten Dialog in Goethes ‚Iphigenie' steht der zerstörte Dialog bei Braun gegenüber."[436] Im Vergleich mit dem ‚Prolog' *Im Spiegelzelt* wird deutlich, dass Braun in *Iphigenie in Freiheit* einen

---

[431] BRAUN, Iphigenie, S. 132.
[432] *ICH WEISS; DASS ICH VERLOREN BIN; IHR GRIECHEN.* (BRAUN, Iphigenie, S. 137.)
[433] BRAUN, Iphigenie, S. 138.
[434] BRAUN, Iphigenie, S. 138.
[435] BRAUN, VOLKER: Adresse an das Cottbuser Theater, in: Lausitzer Rundschau vom 19. Dezember 1992, S. 13.
[436] WEDER, Geschichte als Mythos, S. 249.

Dialog mit Goethe fokussiert, von dem aus an einigen Stellen, wie beispielsweise dem Schlussmotiv des Kindsmords, Seitenblicke zu Euripides unternommen werden. In der Selbstauflösung Iphigenies sieht Grauert, indem er diese als Tötung durch einen Sprechakt versteht, darüber hinausgehend Racines *Iphigenie in Aulis* als prätextuelle Vorlage.[437] Weiter besteht, wie oben erläutert, die Möglichkeit, dass sich Braun in dieser Szene auf Kleists *Penthesilea* bezieht. Trotz der Dichte intertextueller Verweisstrukturen ist die Auseinandersetzung mit Goethe der zentrale Dialog in *Iphigenie in Freiheit*. Dabei wird dieser einerseits auf das Humanitätsideal der Weimarer Klassik und andererseits auf die Klassikerrezeption innerhalb der Kulturpolitik der DDR bezogen. Chiarloni sieht in der Bezeichnung Iphigenies als GOETHES BRAUT[438] eine spöttische Wendung gegen diese Kulturpolitik, „die die DDR zur einzigen legitimen Erbin der Weimarer Klassik erklärte."[439] Die direkten und indirekten Bezugnahmen auf die Kulturpolitik der DDR können an dieser Stelle nicht genauer untersucht werden, da die direkte Auseinandersetzung mit Goethe fokussiert werden soll. In unserem Quartett ist die Desillusionierung der klassischen Utopie an einen melancholischen Endpunkt gelangt, den es im Folgenden herauszuarbeiten gilt.

Im Vergleich mit Goethe hat die Figur der Iphigenie gravierende konzeptionelle Verschiebungen erlitten. Der Sprachvirtuosität der Goetheschen Vorlage begegnet Braun mit Stummheit, und damit wird der Utopie des Humanitätsprojekts der Weimarer Klassik der Verlust der sozialistischen Utopie entgegengestellt.

Braun schreibt Goethes ‚Seelendrama' in extremer Form fort, indem bei ihm Iphigenie nur noch als Reflexionsfigur auftritt, ohne handelnd ins Geschehen einzugreifen. Die Sprache Iphigenies ist bei Braun als innerer Monolog gestaltet, der kein nach außen hin wirksames Kommunikationspotential mehr entfalten kann. In dieser Hinsicht widerspricht sie Goethes Iphigenie, die durch ihre Sprachvirtuosität die friedliche Lösung hatte herbeiführen können. Chiarloni wertet die sprachliche Bedeutung Iphigenies auf, indem sie ihr ein auf die Goetheworte bezogenes „Zitationsrecht" einräumt und behauptet, in den Gedanken Iphigenies würden Goethes Worte ihre Bedeutung beibehalten, während sie aus dem Mund anderer durch Ironisierung in ihr

---

[437] GRAUERT, Brief an einen Freund, S. 69.
[438] BRAUN, Iphigenie, S. 136.
[439] CHIARLONI, Warum nimmt Thoas am S. Remo-Festival teil, S. 86.

Gegenteil verkehrt würden.[440] Dies stimmt nicht, denn auch in Iphigenies Gedanken erfolgt eine Absage an Goethes Worte, indem sie diese als kindliche Naivität entlarvt. *Das Land der Griechen mit der Seele suchend / Der Kinderglaube an die heile Welt.*[441] Eine Wende wie in Goethes Vorlage scheint Brauns Text zufolge nicht mehr möglich zu sein.

Im Umgang mit der literarischen Tradition hatte Goethe, wie Elektra oder der Autor in *Im Spiegelzelt*, ,das Blatt gewendet', indem er seine Iphigenie zu einer Ikone der Humanität umgestaltet hatte, von der im Drama eine positive, zivilisierende Wirkung ausgeht. In doppeltem Sinne ist Goethes *Iphigenie auf Tauris* daher das Drama einer Wende. Erstens bezieht sich der Begriff der Wende, wie in den Vorbemerkungen erläutert, auf den Umgang mit literarischen Vorlagen und zum anderen auf die zivilisatorische Wende, die Goethes Iphigenie möglicherweise auf Tauris initiiert hatte. In seiner Revision ist dieser doppelte Wendebegriff für Brauns Text *Iphigenie in Freiheit* erneut von Bedeutung. Erstens entlarvt Braun Goethes intertextuelle ,Wendung des Blattes', als realitätsferne Utopie und stellt dieser einen Kontext gegenüber, in dem es Iphigenie gerade nicht gelingt, ihre versöhnungsstiftenden Worte zu sagen, in dem kein Dialog stattfindet und in dem Thoas sein versöhnendes Abschiedswort zurücknimmt. Im Gegensatz zu Goethes Iphigenie verharrt Brauns Iphigenie in ausdrucksloser Selbstbespiegelung, ohne die anderen Figuren dialogisch zu erreichen. Somit handelt es sich bei Brauns Text, wie auch in allen hier untersuchten Transformationen, um eine Rücknahme der Humanitätsutopie Goethes. „Brauns zivilisationskritischer Impetus und Blick auf die soziale Realität in Geschichte und Gegenwart muss Goethes Wagnis einer herausfordernd ahistorischen moralischen Utopie verwerfen, jene Humanitätsutopie, die den Menschen daran erinnert, was er sein *kann.*"[442] Die Zerstörung des Dialogs wird produktionsästhetisch durch die Zitatcollage unterstrichen. Zweitens bezieht sich der Text, wie auch die Vorlage Goethes, auf eine durch das Zusammentreffen von zwei ,Welten' hervorgerufene Wende. Dabei werden in *Iphigenie*

---

[440] CHIARLONI, Warum nimmt Thoas am S. Remo-Festival teil, S. 87. Als Beispiel für die Ironisierung der Goetheworte durch Orest und Pylades führt Chiarloni deren Zitieren aus Goethes Gedicht *Das Göttliche* an: *EDEL / NICHTWAHR SEI DER MENSCH HILFREICH UND GUT.* (BRAUN, Iphigenie, S. 132.)
[441] BRAUN, Iphigenie, S. 133.
[442] WEDER, Geschichte als Mythos, S. 248.

in Freiheit Ort und Zeit konkretisiert und auf die Zeit der ‚Wende‘ 1989/90 und das sich wiedervereinigende Deutschland projiziert. Im Gegensatz zu Goethe hat Braun, durch die deutsch-deutsche Entwicklung von 1989 bis 1992 beeinflusst, den Glauben an eine reale, beidseitige und gerechte Wende verloren, und muss den nahezu dialoglosen Einverleibungsakt des einen Systems durch das andere konstatieren.

6.3.2. Die ‚Wende‘ 1989 im Zeichen eines gescheiterten Dialogs

Unter verschiedenen Aspekten wird im Folgenden die zeitgeschichtliche Aktualisierung des Iphigeniemythos in der Bearbeitung Volker Brauns herausgearbeitet. ‚Hier ist Frankfurt. Hier ist Cottbus. Eine zeitgeschichtliche Engführung‘, unter diesem Arbeitstitel soll erstens die Thematisierung der ‚Wende‘ und ‚Wiedervereinigung Deutschlands‘ im Text untersucht werden und darüber hinausgehend der Blick auf zwei Bühnenbearbeitungen des Textes in den alten und neuen Bundesländern erweitert werden. Zweitens wird die erweiterte Perspektive, die alle vier Szenen in ihrer Gesamtheit eröffnen, unter dem Arbeitstitel ‚*Hier ist Apolda, Tauris, Korea.*[443] Die globale Dimension‘ untersucht werden.

Im Jahr der Erstveröffentlichung, 1992, feierte *Iphigenie in Freiheit* an zwei deutschen Bühnen ihre Premiere. Um das Recht der Uraufführung rivalisierten das Staatstheater Cottbus[444] und das Schauspiel Frankfurt am Main[445], wobei die westdeutsche Buchmessestadt das ostdeutsche Cottbus überholte und die Uraufführung zwei Tage früher, am 17. Dezember 1992, feierte. Der Ausgang dieses theaterpolitischen Kampfes war „wohl den neuen (Markt)Gesetzen geschuldet"[446]

---

[443] BRAUN, VOLKER, Iphigenie, S. 137.

[444] Premiere am 19. Dezember 1992 – Regie: Karlheinz Liefers; Darsteller: Maja Chrenko (Iphigenie), Thomas Kressmann (Orest), Michael Becker (Thoas), Rolf-Jürgen Gebert (Pylades), Cornelia Jahr, Heike Meyer, Simone Ritscher, Frank Peter Dettmann; Bühnenbild: Martin Fischer. In der Cottbuser Inszenierung stellt Liefert der *Iphigenie in Freiheit* drei weitere Texte Brauns voraus: *Hydre intime* und *Familienleben* aus *Simplex Deutsch* und *Verbannt nach Atlantis*.

[445] Uraufführung am 17. Dezember 1992 – Regie: Michael Pehlke; Darsteller: Iris Erdmann (Iphigenie), Friedrich Karl Praetorius (Orest), Christoph Hohmann (Pylades); Bühne/Kostüme: Susanne Thaler.

[446] LINZER, MARTIN: Das Zerbrechen der Bilder. ‚Iphigenie in Freiheit‘ und anderes von Volker Braun im Staatstheater Cottbus, in: Lausitzer Rundschau vom 23. Dezember 1992.

und ist somit Spiegel dessen, was Braun in seinem Stück und im gesamten Werk kritisiert: Die ,Plattwalzung des Schwächeren'. Obwohl *Iphigenie in Freiheit* hinsichtlich der Frage nach der Bühnentauglichkeit des Textes umstritten bleibt, zeigen die Inszenierungen und Bewertungen des Stücks in Ost und West gravierende Unterschiede. Während der Aufführung im Westen verständnislos und distanziert begegnet wurde, wurde die Cottbusser Aufführung häufig als intensiv und zeitnah bewertet.[447] Den Zeitungskommentaren zufolge scheint es fast notwendig zu sein, die Geschichte des Endes der DDR als persönlich erlebte Geschichte präsent zu haben. Pfützner geht so weit, in seinem Bericht im Feuilleton des *Neuen Deutschland* in *Iphigenie in Freiheit* ein Dokument der beiden deutschen Literaturen zu sehen:

> „Wie ich las, konnte die altbundesdeutsche Theaterkritik mit der Aufführung des Stücks im Frankfurter Kammerspiel nichts anfangen. Vielleicht konnte aber auch das Theater so recht nichts anfangen mit dem Stück, weil die bestürzende Nähe des Stoffs fehlt, die nur hier im Osten versammelt ist? Vielleicht gibt es also doch eine Literatur, ein Theater, ein Publikum jenseits und diesseits der Grenzziehung [...]."[448]

Sicherlich hat Michaelis Recht, wenn er *Iphigenie in Freiheit* als „Werk der DDR-Literatur"[449] bezeichnet, ob es das „letzte" ist, wage ich zu bezweifeln. Wie bei der Inszenierung von *Im Taurerland* sind Elemente präsent, die auf eine enge Bezogenheit der mythologischen Vorlage zum aktuellen Zeitgeschehen hinzuweisen scheinen: Die Auseinandersetzung mit dem Ende der DDR ist dem Text ebenso eingeschrieben wie eine allgemeine Kapitalismus- und Zivilisationskritik. Erkaltete Lava, die das Bühnenbild Martin Fischers am Cottbusser Theater bestimmt, situiert den Text in eine nach einer Katastrophe verheerte Region. „Die Menschen sind aus dem Sozialismus in eine

---

[447] Vgl. KRANZ, DIETER: Kritik zu ,Iphigenie in Freiheit' von Volker Braun. Inszenierung Karlheinz Liefers, Staatstheater Cottbus, in: ORB Kulturspiegel vom 20. Dezember 1992, 11.00-12.30 Uhr. (Hörfunkscript).

[448] PFÜTZNER, KLAUS: Ermunterung zu widerständigem Denken. Beifall in Cottbus, Befremden in Frankfurt. Volker Brauns neues Stück ,Iphigenie in Freiheit' bietet Stoff zur Diskussion, in: Neues Deutschland vom 23. Dezember 1992.

[449] MICHAELIS, ROLF: Dein Wort in Goethes Ohr! Das letzte Werk der DDR-Literatur: ,Iphigenie in Freiheit' – Volker Brauns Requiem auf den utopischen Sozialismus, ein höhnisches Pamphlet auf das vereinigte Deutschland, in: Die Zeit vom 10. April 1992.

verrottete westliche Welt geraten", schreibt ein Rezensent der Cottbusser Inszenierung in der TAZ.[450]

Abb. 3 Bühnenbildassoziation im Programmheft der Aufführung am Staatstheater Cottbus

In Überblendungstechnik sind in *Iphigenie in Freiheit* historische Fakten aus dem Umfeld der ‚Wende' eng mit mythologischen Konstellationen verwoben. In der Familiengeschichte der Atriden spiegelt sich die Geschichte Deutschlands im Allgemeinen und in der Trennung der Geschwister Orest und Iphigenie im Besonderen die deutsch-deutsche Teilung, die im Moment der Begegnung zumindest äußerlich aufgehoben werden soll. Daher überzeugt Katheraine Weders These von der „Engführung von Mythos und Geschichte"[451], mit der sie Cräciuns These von der „Opposition von Mythos und Geschichte"[452] für diese Szene entkräftet. Durch die Engführung von Mythos und Geschichte wird eine „doppelte Optik"[453] erzeugt, in der mythologische Namen und Konstellationen historische Entsprechungen haben, in die sie zu

---

[450] RÜNGER, BERTHOLD: Abdankende Väter. ‚Iphigenie in Freiheit' von Volker Braun in den Cottbusser Kammerspielen uraufgeführt, in: TAZ vom 29. Dezember 1992.
[451] WEDER, Geschichte als Mythos, S. 242.
[452] CRĂCIUN, Die Politisierung des antiken Mythos, S. 137.
[453] GRAUERT, Furor melancholicus, S. 173.

einem gewissen Grad zurückübersetzt werden können: Klare Indizien weisen darauf hin, dass mit Tauris ein Ort gemeint ist, dessen Machtzentrum in der UdSSR liegt. Topographisch angedeutet wird dies durch die Öffnung des *Eiserne[n] Vorhang[s]* und den Blick auf die *kyrillische Küste* und den *roten Platz*.[454] Mit dem *roten Platz* wird der gleichnamige Platz in Moskau ins Gedächtnis gerufen, der sowohl in der historischen Wirklichkeit als auch im Werk Brauns das politische Zentrum der UdSSR darstellt, während die *kyrillische Küste* als Randregion der von der russischen Kultur und Politik dominierten Welt auf die DDR anspielt. Allegorisch verkörpern die Griechen Orest und Pylades ,westdeutsche Kapitalisten', Iphigenie eine Sozialistin und Thoas den Regenten des sozialistischen Reichs Tauris, der sowohl Züge Stalins als auch Gorbatschows trägt. Ob Iphigenie die „prototypische Ostdeutsche"[455], eine „sozialistische Intellektuelle"[456] oder Volker Braun selbst repräsentiert, kann nicht eindeutig geklärt werden. Dies ist allerdings auch nicht notwendig, denn eine jede Lesart ist plausibel und keine schließt die andere aus. Die Figur der stummen Iphigenie spiegelt die Sprachlosigkeit, Lethargie und Desillusionierung all derer, die an die Idee des Sozialismus geglaubt hatten, und die im Zuge der ,Wende' Enttäuschungen erfahren haben. Visser macht in diesem Zusammenhang auf die semantische Polyvalenz des Schweigens Iphigenies aufmerksam: „Wenn [...] das Verschwinden einer Gesellschaft – der DDR – am Verschwinden von Sprache dargestellt wird, markiert der neueingesetzte (Teil-)Text das Verschwundene wie das Entstehende."[457] Die Enttäuschungen Iphigenies hängen eng mit zwei Facetten des Thoas-Bildes zusammen, sowie mit Erkenntnisgewinn nach dem Ablegen der Ideologie.

Erstens erkennt Iphigenie rückblickend „das Scheitern der historischen Mission des Sozialismus, die Pervertierung des sozialistischen Projekts zur stalinistischen Diktatur und ihre Mitschuld."[458] Die ernüchternde Erkenntnis, dass die Utopie einer neuen, idealen, auf der Tradition des Humanismus und der Aufklärung basierenden Gesellschaft durch den Terror Stalins bereits viel an ihrem positiven Potenti-

---

[454] BRAUN, Iphigenie, S. 131.
[455] in: Rheinische Post vom 14. Januar 1993. (Zit. nach: VISSER, „Und so wie es bleibt ist es", S. 131.)
[456] GRAUERT, Furor melancholicus, S. 173.
[457] VISSER, „Und so wie es bleibt ist es", S. 133.
[458] GRAUERT, Brief an einen Freund, S. 70.

al eingebüßt hatte, gewinnt sie in der Auseinandersetzung mit ‚Stalin-Thoas'.

Zweitens erkennt Iphigenie bei der Betrachtung der Wendesituation ihrer Gegenwart (1989-1992), dass die Chance, eine reale Wende herbeizuführen, bereits verspielt wurde, und statt einem ‚dritten Weg' der ‚erste Weg', zurück in den Kapitalismus, eingeschlagen wurde. Für Volker Braun stellt der Kapitalismus keine Alternative zum realexistierenden Sozialismus dar. Neben dem bekannten Gedicht *Mein Eigentum*[459] belegen zahlreiche weitere Äußerungen die Enttäuschung des Autors über den Verlauf der ‚Wende', zu deren Initiatoren er selbst gehört hatte:

> *Die Utopien sind eingerollt, die Pastoren blasen die Demonstrationen ab, EDEKA verlangt den Selbstreinigungsprozeß, die erniedrigten Vorkämpfer werden die stolzen Nachnutzer, ACH! DER MENGE GEFÄLLT, WAS AUF DEN MARKTPLATZ TAUGT.*[460] *[...] Mein Luftkoffer, mein politisches Gepäck enthält Erinnerungen und Erwartungen, unkontrolliert und subversiv, schwer zu tragen, aber die Schritte treibend.*[461]

In *Iphigenie in Freiheit* übt Braun, wie Grauert ausführlich dargestellt hat, Kritik am bürgerlich-kapitalistischen Reformkurs der Perestroikapolitik Gorbatschows und am Kapitalismus als Gesellschaftsform.[462] Wie im Ausdruck Zitate individuelles Sprechen und im Schriftbild Majuskeln die gewöhnliche Groß- und Kleinschreibung beherrschen, schob sich während der ‚Wende', *die eine Struktur [...] über die andere wie Lava.*[463]

Mit dem Ende des Kalten Krieges schien ein neuer Weltfriede möglich zu sein. Dieser wurde allerdings sofort von neuen Elementen der Gewalt überschattet. An die Stelle der Systemkonkurrenz trat Globalisierung und die Ausbeutung der ‚Dritten Welt' durch die Industrienationen. Im Text steht das *Hungervolk* der *Skythen*[464] sinnbildlich für alle Opfer der Globalisierung. Preußer interpretiert die Skythen als

---

[459] *Da bin ich noch: mein Land geht in den Westen. / KRIEG DEN HÜTTEN FRIEDE DEN PALÄSTEN. / Ich selbst habe ihm den Tritt versetzt.[...]* (BRAUN, Das Eigentum, in: Die Zickzackbrücke, S. 84.)

[460] BRAUN, VOLKER: 3. Oktober 1990, in: Die Zickzackbrücke, S. 48.

[461] BRAUN, VOLKER: 3. Oktober 1990, in: Die Zickzackbrücke, S. 49.

[462] Vgl. GRAUERT, Furor melancholicus, S. 175-178.

[463] BRAUN, VOLKER: Jetzt wird der Schwächere plattgewalzt, in: Die Zickzackbrücke, S. 52.

[464] BRAUN, Iphigenie, S. 138. – Erhellend untersucht Preußer die Bedeutung der Skythen im Werk Brauns. PREUßER, Allegorisierung des Zivilisationsdramas, bes. S. 367-378.

‚dritte Kraft', als „Platzhalter eines energetisch-organischen Prinzips, für das ebensogut Afrika oder die Dritte Welt *in toto* stehen könnten [...]."[465] Mit der folgenden Aussage Thoas' wird der Einfall der Skythen in die kapitalistischen Länder der westlichen Welt prophezeit. Gleichzeitig wird betont, dass der Reichtum des Westens auf der Ausbeutung der Armen basiert:

> *MEIN HUNGERVOLK SAMMELT SICH IN DER STEPPE*
> *ZUM HUNGERMARSCH IN EURE METROPOLEN*
> *[...]*
> *AUS DEM HUNGER SPEIST SICH UNSRE MACHT.*[466]

Die Wanderung der Skythen nach Westen ist in der Gegenwart in der Migration von Flüchtlingen, Asylanten und Spätaussiedlern zu beobachten, denen in Deutschland in den 90er Jahren mit Ausländerfeindlichkeit und Neofaschismus begegnet wurde. Im Text spielen die Ausrufe *HELLAS! HELLAS! HELLAS!*[467] möglicherweise darauf an, wie wieder ‚Deutschland! Deutschland! Deutschland!' oder ‚Heil! Heil! Heil!' gerufen wurde. Mit Blick auf die Zukunft könnte die Westmigration der Skythen durchaus bedrohliche Konsequenzen für die kapitalistische Welt aufweisen, wenn sie in der Tradition von Heiner Müllers *Germania 3 Gespenster am toten Mann* einmarschieren würden.[468] Im Text wird nicht deutlich, ob Braun dies als Bedrohung oder Möglichkeit einer Wende empfindet.

Nach der ‚Wende' scheint die Möglichkeit einer realen Wende in weiter Ferne zu liegen. Unmittelbar mit der ‚Friedenspolitik' der Westmächte konfrontiert, wird Braun Zeuge mehrerer Kriege, in die NATO-Truppen mit militärischer Gewalt als ‚Friedenstifter' eintreten, ohne Goethes Iphigenie als ideale Vorlage zu befragen. In einem Kommentar zur *Iphigenie in Freiheit* erwähnt Braun die Elitetruppen Orests, die in Mogadischu landen.[469] Weiter sind Bezüge zum Krieg in Jugoslawien ebenso präsent wie zum Ersten Golfkrieg, auf den sich

---

[465] PREUßER, Allegorisierung des Zivilisationsdramas, S. 372.
[466] BRAUN, Iphigenie, S. 138.
[467] BRAUN, Iphigenie, S. 135.
[468] STALIN: *Mein Rücken heißt Asien, meine Wölfe warten / Das haben sie gelernt in meinen Lagern. / Dein Krieg ist ihnen Hoffnung auf dem Weg / Nach Deutschland in deiner Panzerspur. Du hast / Die Schleusen aufgesperrt, jetzt kommt die Flut.* (Vgl. MÜLLER, HEINER: Germania 3 Gespenster am toten Mann, in: Heiner Müller. Werke Bd. 5, hg. von Frank Hornigk, Frankfurt am Main 2002, S. 251-297.)
[469] BRAUN, VOLKER: Adresse an das Cottbuser Theater, in: Lausitzer Rundschau vom 19. Dezember 1992, S. 13.

Braun im Gedicht *Wüstensturm*[470] bezieht. Die globale Eskalation militärischer Gewalt zu Beginn der 90er Jahre zeigt, dass die Welt nach Ende des Kalten Krieges weit davon entfernt ist, eine friedliche Welt zu sein. Wieder werden Kinder geopfert, und Iphigenie als Stifterin von Humanität ist fern.

Von der ‚Wende' ausgehend, erfolgt in *Iphigenie in Freiheit* durch die Frage, wie Humanität in einer kapitalistischen Welt aussehen kann, und ob sie in einer solchen Welt überhaupt möglich ist, eine Ausweitung von globalem Ausmaß, die Crăciuns These eines ‚theatrummundi' entspricht. Durch drei Orte wird dies in der Szene *Iphigenie in Freiheit* angedeutet.

> *HIER IST APOLDA. / TAURIS. / KOREA.*
> *Und in kein Ausland flüchtet sich die Hoffnung*
> *Die wüste Erde ist der ganze Raum.*[471]

Durch topographische Gleichsetzung von Apolda, Tauris und Korea werden die vier einzelnen Szenen zu einem Gesamtkompositum verbunden, die sich mit Fragen universeller Bedeutung beschäftigen. Apolda, das Braunkohlerevier im Thüringer Becken, steht für den Mord an Mutter Erde und ist mythologisch zum einen in der Ermordung Klytämnestras durch ihre Kinder Orest und Elektra (*Im Spiegelzelt*) und weitere Anspielungen im *Antikensaal* gespiegelt.[472] Korea steht für den Bruderkrieg und wird mythologisch im Kampf zwischen Eteokles und Polineikes gespiegelt, der der Antigonehandlung (*Geländespiel*) zugrunde liegt.[473] Tauris schließlich ist in dieser Komposition der zentralste Ort, an dem der Utopie der Humanität eine Absage erteilt wird.[474] Daher ist der direkte historische Bezug der Szene *Iphigenie in Freiheit* auf die Situation der Wende 1989 ein einzelner Aspekt eines geschichtlichen Freskos, das Crăciun in ihrem Konzept eines ‚theatrum-mundi' verallgemeinert: Die Darstellung der gescheiterten Utopie des Sozialismus ist nur ein Einzelfall in der Kette der Utopien, die im Laufe der Menschheitsgeschichte gescheitert sind.[475]

---

[470] BRAUN, VOLKER: Wüstensturm, in: Die Zickzackbrücke, S. 86.
[471] BRAUN, Iphigenie, S. 137.
[472] CRĂCIUN, Die Politisierung des antiken Mythos, S. 124.
[473] CRĂCIUN, Die Politisierung des antiken Mythos, S. 124.
[474] CRĂCIUN, Die Politisierung des antiken Mythos, S. 124.
[475] CRĂCIUN, Die Politisierung des antiken Mythos, S. 126.

7. Manifeste der Humanitätsskepsis – Ein Resümee

Aus Gründen der Wahrscheinlichkeit hatte Goethe den Schluss des Euripides kritisiert, in dem Athene als dea-ex-machina vom Himmel schwebend die Lösung des Konflikts herbeigeführt hatte. Anstelle göttlichen Eingreifens hatte Goethe die Figur der Iphigenie ausgebaut, der die Herbeiführung einer friedlichen Wende aus ihrem idealen Menschsein heraus gelingt. Die Prämissen dafür sind einerseits Iphigenies sprachvirtuose Humanität und andererseits die Empfänglichkeit eines großmütigen Thoas für diese. Hier sehen wir, dass Veränderungen und Umdeutungen des Schlusses Konsequenzen für das gesamte Drama haben. Besonders deutlich wird dies in der Konzeption Iphigenies als dramatische Figur und eng damit verbunden in der Vorstellung von Humanität als Ideal. In den unterschiedlichen Schlussvarianten der einzelnen Transformationen ist in nuce ein Paradigmenwechsel greifbar, der sich in der zweiten Hälfte des 20. Jahrhunderts in der literarischen Rezeption von Goethes *Iphigenie auf Tauris* vollzogen hatte. Der Paradigmenwechsel bezieht sich in erster Linie auf den Aspekt der Humanität bei Goethe, der sowohl Iphigenie als auch Thoas zu ,idealen' Figuren gemacht hatte.

In den Transformationen von Hauptmann bis Braun wurde der Idealität der Goetheschen Iphigenie eine Absage erteilt. Ex negativo ist das Vor-Bild in seiner Destruktion präsent. Hauptmanns Iphigenie als enthumanisierte, grausame, von einer Göttin instrumantalisierte Opferpriesterin stellt in ihrer Drastik in unserem Quartett einen Sonderfall dar, findet aber in Brauns Iphigenie eine Entsprechung, die im blinden Glauben an die Ideologie Menschenopfer vollbracht hatte. Die charakteristischen Wesensmerkmale der vier hier untersuchten Iphigenien sind, in unterschiedlichen Schattierungen, Sprachlosigkeit, Passivität und Unfähigkeit, in Eigenverantwortung zu handeln. Reinheit und Enthaltsamkeit hatten Goethes Iphigenie eine fromme, fast heilige Prägung verliehen und sie stark gemacht für ihr Humanitätsprojekt. Bei Fassbinder, Berg und Braun wird diese Prägung durch Sexualisierung in ihr Gegenteil verkehrt. Bei Fassbinder ist Iphigenie keine Opferpriesterin mehr, sondern ,Sexsklavin' des Herrschers, bei Berg verbringt sie zur Befriedigung eigener Lüste sowie zur Verhinderung von Menschenopfer ihre Nächte mit Thoas, bei Braun schließlich prostituiert sie sich in einer Welt, in der nur noch Werbung, Konsum und Kapital gelten. Durch die Sexualisierung hatte Iphigenie in den drei Transformationen die Kraft verloren, die Veränderung bewirken könnte. Weitere zentrale Veränderungen am Bild der Iphigenie sind der Verlust ihrer Sprachvirtuosität und die Beschädigung ihrer Sinnesorgane, insbesondere der Augen. So wird Iphigenie in diesen drei Transformationen nicht wie bei Goethe zur Agentin der Humanität und Trägerin der friedlichen Schlusswendung, sondern bleibt teilnahmslos.

Eine weitere, der säkularen Tradition des 20. Jahrhunderts verpflichtete Strategie der Transformationen ist die Auflösung des Götterhimmels und die Umdeutung des bei Goethe formulierten Verhältnisses zwischen Göttern und Menschen. Bei Goethe überwindet Iphigenie die Fremdbestimmung durch die Götter, indem sie deren Wirken in ihrer eigenen, guten Seele erkennt. Bei Hauptmann ist die Götterwelt durch die Idee des 'Urdramas' beeinflusst, weit ausgebaut, könnte allerdings durch Kalchas' ambivalente Position in Frage gestellt werden. Bei Fassbinder, Berg und Braun hingegen werden die Götter negiert. Bei Hauptmann tritt neben die Welt der Götter als Motor der Fremdbestimmung die Diktatur der Nationalsozialisten, bei Braun die Ideologie. In der Abkehr von den Göttern bleibt die Fremdbestimmung unentrinnbar. Autonomie, wie sie Goethes Iphigenie errungen hatte, wird nicht erreicht.

Zentrale Funktionen, die die Transformationen verbinden, sind die Absage an Goethe und die Humanitätsreligion der Weimarer Klassik, sowie die Konfrontation dieser mit der realen Zeitgeschichte. Am Anfang steht Iphigenies Sprung in die Phädriadenschlucht in der letzten Szene der *Atriden-Tetralogie*. Mit der Zeitgeschichte konfrontiert scheint dieser Selbstmord einen symbolischen Wert zu besitzen, und dem Untergang der humanistischen Tradition Deutschlands zu entsprechen. Die Verbrechen des Dritten Reichs machten es unmöglich, weiterhin unbefangen von Deutschland als dem Land der 'Dichter und Denker' zu sprechen. So markiert die *Atriden-Tetralogie* eine Zäsur innerhalb der deutschsprachigen Tradition der Transformation des Iphigeniemythos, nach der sich ein Paradigmenwechsel vollzogen hatte. Die *Atriden-Tetralogie* ist somit Ende und Anfang zugleich: Ende im Hinblick auf epigonales, der Klassik verpflichtetes Schreiben und Beginn einer neuen Linie von Transformationen, die an der Gültigkeit der Werte der Weimarer Klassik zweifeln. Insbesondere bei Fassbinder und Braun werden diesen in den Schlusspassagen drastische Absagen erteilt. Bei Fassbinder endet das Drama in einer Gerichtsverhandlung, in der Thoas als Repräsentant eines repressiven, ‚scheindemokratischen' Staates die oppositionellen Angeklagten verurteilt. Durch die direkte Referenz auf Goethes Thoas am Ende der Gerichtsverhandlung wurde deutlich, dass der neue Thoas, der seine Gegner durch Inhaftierung und Gewalt zum Schweigen bringt, keineswegs großmütig ist. Bei Braun nimmt Thoas sein Abschiedswort zurück, das aber in einer Welt, in der der unausweichliche Untergang der kapitalistischen Zivilisation aus sich selbst heraus thematisiert ist, keine Rolle mehr spielt. Am Ende des Bildes wird mit der Ermordung eines Kindes durch die eigene Mutter der Beginn eines neuen Zyklus der Gewalt, einer Fortdauer des Atridenfluchs angedeutet. Mit negativen Schlusswendungen distanzierten sich Hauptmann, Fassbinder und Braun von Goethes friedlich-offener Lösung. Berg scheint mit seinem versöhnlichen Ausgang, in dem er lediglich den Katalysator der Lösung von Iphigenie hin zum Volk verschoben hatte, eine Sonderrolle einzunehmen. Der Autor von *Im Taurerland* scheint mehr als die anderen an das Gute im Menschen zu glauben. Allerdings widerspricht diese Deutung Bergs heutigem Blick auf das eigene Drama, von dessen utopischem Ende er sich enttäuscht distanziert. Wie Bergs eigene Beurteilung, stellt Lienerts Inszenierung von 1992 mit dem desillusionierenden Schlussbild *Im Taurerland* doch in die Reihe der humanitätsskeptischen Manifeste. Somit handelt es sich bei allen hier untersuchten Transformationen um Rücknahmen der Humanitätsutopie Goethes. In einer Welt, die aus den Fugen geraten ist und in der die Mächtigen nicht wie Goethes Thoas die Fähigkeit besitzen, echte Großmut zu zeigen, kann eine Iphigenie nichts mehr bewirken. In den beiden Rahmenstücken der Untersuchung, der *Atriden-Tetralogie* und *Iphigenie in Freiheit* wurde der Untergang Iphigenies explizit thematisiert und so zu einem Neubeginn des Kreislaufs der Gewalt übergeleitet.

In enger Verbindung mit der Humanität ist der Gegensatz zwischen Griechen und Taurern, zwischen Zivilisation und Barbarei die zentrale Konfliktkonstellation innerhalb des Mythosstrangs ‚Iphigenie auf Tauris'. Obwohl Hauptmann auf die Ausführung der Handlung auf Tauris verzichtet hatte, ist die *Atriden-Tetralogie* für eine Veränderung innerhalb dieser Konstellation entscheidend, indem darin eine Umdeutung der zentralen Konfliktkonstellation vorgenommen wurde. Es geht nicht mehr primär um den Gegensatz zwischen ‚Barbaren' und einer zivilisierten Welt, die Anspruch und Fähigkeit besitzt, das Werk ihrer Kultur auch in naturnahe Randbezirke ihrer Welt zu transportieren, sondern vielmehr um die Bedrohung der Zivilisation aus sich selbst heraus. Daraus resultiert auch die Erkenntnis, dass Tauris überall ist, nicht nur in einer weiten Ferne, sondern ganz nah, mitten in der zivilisierten Welt. Bereits in den antiken Prätexten wurde dies durch die Gräueltaten der Atriden angedeutet, ist aber innerhalb der Transformationen des Iphigeniemythos nirgendwo so präsent wie nach dem Zweiten Weltkrieg. Bei Hauptmann könnte sich dies auf den Zivilisations- und Humanitätsverlust der Deutschen im Dritten Reich beziehen, bei Fassbinder auf die Terrorismusdebatte und bei Braun auf Konsum und Kapitalismus als Formen ‚zivilisierter' Barbarei.

Es zeigt sich, dass, mit der Realität konfrontiert, Goethes an Rousseau geschultes Weltbild keinen Bestand hat. Die Geschichte hat gezeigt, dass Hobbes Diktum – *homo homini lupus est* – der Wirklichkeit näher steht, als ein utopischer Glaube an das im Menschen schlummernde Gute.

Die Untersuchungen haben gezeigt, dass es sinnvoll ist, im Fall der Transformationen des Iphigeniemythos von einer ‚Engführung von Mythos und Geschichte'[476] zu sprechen. In ‚doppelter Optik'[477] wird vornehmlich Goethes Prätext kritisch an der Realität gemessen. Wesentliche Strategien der jeweiligen Transformationen waren Umcodierungen des Handlungsortes und der Konfliktkonstellation sowie Veränderungen am Bild der Iphigenie.

Mythisierendes Kolorit und die Situierung des Handlungsortes in einem antiken Ambiente liegen nur bei Hauptmann, und mit Einschränkung bei Berg vor. Bei Fassbinder und Braun hingegen erfolgte eine Verschiebung des Handlungsortes in die Gegenwart. In doppelter Optik bezieht sich Hauptmann einerseits auf den Trojanischen Krieg, als Emblem des Krieges, der, auf die Realität übertragen, im Zweiten Weltkrieg seine entstehungszeitliche Entsprechung findet. Die zentralen, spätere Transformationen des Mythos direkt oder indirekt beeinflussenden Veränderungen Hauptmanns sind die Enthumanisierung Iphigenies und die topographische Erkenntnis, dass Tauris überall ist. Bei Fassbinder ist ‚Tauris' die BRD der 60er Jahre, deren Staatsform

---

[476] WEDER, Mythos und Geschichte, S. 242.
[477] GRAUERT, Furor melancholicus, S. 173.

sich demokratisch nennt, aber auf den ‚Wurzeln des Faschismus' gebaut ist. Bei Berg und Braun ist Tauris die DDR. Die hier untersuchten Transformationen sind allesamt in Wendezeiten entstanden oder haben zumindest mit solchen zu tun. Hauptmanns *Atriden-Tetralogie* steht am Ende des Zweiten Weltkriegs, Fassbinders *Iphigenie auf Tauris von Johann Wolfgang von Goethe* im Wendejahr 1968, Bergs *Im Taurerland* erfuhr mit der Wende 1989 eine Bedeutungssteigerung und Brauns *Iphigenie in Freiheit* schließlich ist ein eindrückliches Dokument der Nachwendezeit.

Wie Adorno festgestellt hat, ist der Iphigeniemythos, der Mythos, der sich am deutlichsten mit der Frage der Zivilisation auseinandersetzt.[478] Die verschiedenen Schattierungen dessen wurden deutlich. Aus diesem Grund wird der Mythos um Iphigenie in der produktiven literarischen Rezeption in Wendezeiten aktuell, in denen die Zivilisation bedroht ist und in Frage gestellt wird. Nur allzu gut könnte der Stoff heute zur Diskussion der Auseinandersetzung zwischen amerikanischer und arabischer Welt herangezogen werden. Doch leider scheint Goethes Iphigenie keinen Bestand zu haben, es scheint keine wahre Stimme der Humanität zu geben und keine Großmut der Mächtigen.

Für die vier hier untersuchten Transformationen des Iphigeniemythos gilt: Iphigenie ist als ‚Ikone der Humanität' zerstört. Aus Goethes Transformation des antiken Mythos in ein ‚Hohelied der Humanität'[479] wurden, durch die historische, politische und gesellschaftliche Entwicklung der jeweiligen Entstehungszeit beeinflusst, ‚Manifeste der Humanitätsskepsis'[480].

Natürlich kann dieser Versuch eines Resümees nur für diese vier Beispiele gelten, nicht für die Transformationen im Allgemeinen, denen als Form des Schreibens ‚au second degré'[481] neben der Referenz auf Prätexte eine starke Eigendynamik eingeschrieben ist. Die Tatsache, dass die Arbeit mit Brauns geschichtspessimistischem Fresko *Iphigenie in Freiheit* endet, ist einzig dem Moment seiner jungen Datierung geschuldet. Sicherlich wird bald wieder ein neuer Hypertext, ein neues

---

[478] ADORNO, THEODOR W.: Zum Klassizismus von Goethes Iphigenie, in: Ders.: Gesammelte Schriften, Bd.11. Noten zur Literatur, Frankfurt am Main 1974, S. 499.
[479] FRICK, Die mythische Methode, S. 209.
[480] FRICK, Die mythische Methode, S. 209.
[481] Vgl. GENETTE, Palimpseste. Die Literatur auf zweiter Stufe.

Blatt am Baum der Mythosgenealogie sprießen und vielleicht wird irgendwann ein Trieb keimen, der ‚das Blatt wieder wendet'[482].

Abb. 4 Szenenphoto aus der Cottbusser Inszenierung von *Iphigenie in Freiheit*

---

[482] Vgl. BRAUN, Iphigenie in Freiheit, S. 129.

8. Literaturverzeichnis

8.1. Primärliteratur

8.1.1. Iphigenie, Primärtexte

AISCHYLOS: Die Orestie, übers. von Emil Staiger, Stuttgart 2002.

BERG, JOCHEN: Im Taurerland, München 1979.

BERG, JOCHEN: Klytämnestra, München 1983.

BRAUN, VOLKER: Iphigenie in Freiheit, Frankfurt am Main 1992.

BRAUN, VOLKER: Texte in zeitlicher Folge, 10 Bde, Halle 1992-1993.

EURIPIDES: Iphigenie bei den Taurern, übers. von J.J. Donner, Stuttgart 2002.

EURIPIDES: Iphigenie in Aulis, übers. von J.J. Donner, Stuttgart 2001.

FASSBINDER, RAINER WERNER: Iphigenie auf Tauris von Johann Wolfgang von Goethe, in: Ders.: Antitheater. Fünf Stücke nach Stücken, Frankfurt am Main 1986, S. 7-27.

FASSBINDER, RAINER WERNER: Iphigenie auf Tauris von Johann Wolfgang von Goethe, Hörspielbearbeitung, WDR 3 1971.

GOETHE, JOHANN WOLFGANG VON: Iphigenie auf Tauris, Stuttgart 2001.

GOETHE, JOHANN WOLFGANG VON: Werke. Hamburger Ausgabe, 15 Bde., hg. von Erich Trunz, München 1998. [HA]

HAUPTMANN, GERHART: Sämtliche Werke. Centenar-Ausgabe zum hundertsten Geburtstag des Dichters, 15. November 1962, hg. von Hans-Egon Haas, 11 Bände, Darmstadt 1965. [CA]

HAUPTMANN, GERHART: Agamemnons Tod, in: CA, Bd. 3, S. 945-990.

HAUPTMANN, GERHART: Elektra, in: CA, Bd. 3, S. 991-1023.

HAUPTMANN, GERHART: Iphigenie in Aulis, in: CA, Bd. 3, S. 841-944.

HAUPTMANN, GERHART: Iphigenie in Delphi, in: CA, Bd. 3, S. 1024-1090.

SOPHOKLES, Elektra, übers. von Wolfgang Schadewaldt, Stuttgart 1993.

8.1.2. Weitere Primärtexte

ARISTOPHANES: Die Frösche, übers. von Heinz Heubner, Stuttgart 1999.

ARISTOTELES: Die Poetik, übers. von Manfred Fuhrmann, Stuttgart 1997.

BERG, JOCHEN: Herr Graf, Herr Graf, wo ist der Bauer? Ein Radioessay, MDR Kultur 2003.

BRAUN, VOLKER: Die Zickzackbrücke. Ein Abrisskalender, Halle 1992.

BRAUN, VOLKER: Es genügt nicht die einfache Wahrheit. Notate, Frankfurt am Main 1975.

BRAUN, VOLKER: Wir befinden uns soweit wohl. Wir sind erst einmal am Ende. Äußerungen, Frankfurt am Main 1998.

BRECHT, BERTHOLD: Große kommentierte Berliner und Frankfurter Ausgabe in 30 Bänden, hg. von Werner Hecht, Jan Knopf, Werner Mittenzwei und Klaus-Deltlef Müller, Frankfurt am Main 1988ff.

BÜCHNER, GEORG: Dantons Tod, Stuttgart 2002.

FASSBINDER, RAINER WERNER: Filme befreien den Kopf. Essays und Arbeitsnotizen, hg. von Michael Töteberg, Frankfurt am Main 1984.

GOETHE, JOHANN WOLFGANG VON: Briefe, Tagebücher, Gespräche, Digitale Bibliothek Bd. 10, Berlin 1999.

GRÄF, HANS GERHARD: Goethe über seine Dichtungen, Bd. II,3, Frankfurt am Main 1906.

HACKS, PETER: Das Poetische. Ansätze zu einer postrevolutionären Dramaturgie, Frankfurt am Main 1972.

HACKS, PETER: Iphigenie, oder: Über die Wiederverwendung von Mythen, in: Ders.: Die Maßgabe der Kunst, Düsseldorf 1977, S. 104-106;

HAUPTMANN, GERHART: Griechischer Frühling. Reisetagebuch Griechenland – Türkei 1907, hg. von Peter Sprengel, Berlin 1996.

KLEIST, HEINRICH VON: Sämtliche Werke und Briefe, hg. von Helmut Sembdner, München 2001.

LESSING, GOTTHOLD EPHRAIM: Dramen, hg. von Kurt Wölfel, Frankfurt am Main 1984.

MAO TSE-TUNG: Das Rote Buch. Worte des Vorsitzenden Mao Tse-tung, hg. von Tilemann Grimm, Frankfurt am Main 1967.

MÜLLER, HEINER: Germania 3 Gespenster am toten Mann, in: Heiner Müller. Werke, Bd. 5, hg. von Frank Hornigk, Frankfurt am Main 2002, S. 251-297.

RILKE, RAINER MARIA: Gedichte, Frankfurt am Main [8]1996.

RUNGE, ERIKA: Bottroper Protokolle, Frankfurt am Main [5]1970, bes. S. 74-91.

SARTRE, JEAN-PAUL: Die Fliegen. Die schmutzigen Hände. Zwei Dramen, Reinbek bei Hamburg 1961.

SHAKESPEARE, WILLIAM: Hamlet. Prinz von Dänemark, übers. von August Wilhelm Schlegel, Stuttgart 1999.

TOLKIEN, JOHN RONALD REUEL: Der Herr der Ringe, übers. von Margaret Carroux, 3 Bde., Stuttgart 1977.

WOLF, CHRISTA: Leibhaftig, München 2003.

8.1.3. Interviews

HERMANN, CHRISTINE: Gespräch mit Jochen Berg, Berlin, 20. August 2003. (unveröffentlicht)

MÜLLER, HEINER: Gesammelte Irrtümer 1. Interviews und Gespräche, [2]Frankfurt am Main 1991.

PROLL, THORWALD/DUBBE, DANIEL: Wir kamen von einem anderen Stern. Über 1968, Andreas Baader und ein Kaufhaus, Hamburg 2003.

TÖTEBERG, MICHAEL (Hg.): Rainer Werner Fassbinder. Die Anarchie der Phantasie. Gespräche und Interviews, Frankfurt am Main 1986.

8.2. Forschungsliteratur

ADORNO, THEODOR W.: Erziehung nach Auschwitz, in: Ders.: Gesammelte Schriften, Bd. 10,2. Kulturkritik und Gesellschaft II, Frankfurt am Main 1977, S. 674-690.

ADORNO, THEODOR W.: Zum Klassizismus von Goethes Iphigenie, in: Ders.: Gesammelte Schriften, Bd.11. Noten zur Literatur, Frankfurt am Main 1974, S. 495-514.

ALT, KARIN: Die Erneuerung der griechischen Mythologie in Gerhart Hauptmanns Iphigenie-Dramen, in: Grazer Beiträge. Zeitschrift für klassische Altertumswissenschaften 12/13 (1985/86), S. 337-368.

ARETZ, SUSANNE: Die Opferung der Iphigeneia in Aulis. Die Rezeption des Mythos in antiken und modernen Dramen, Stuttgart/Leipzig 1999.

ARTAUD, ANTONIN: Das Theater und sein Double, Frankfurt am Main 1969.

ASSMANN, JAN: Das kulturelle Gedächtnis. Schrift, Erinnerung und politische Identität in frühen Hochkulturen, München 1992.

BARNER, WILFRIED/DETKEN, ANKE/WESCHE, JÖRG (Hg.): Texte zur modernen Mythentheorie, Stuttgart 2003.

BAUMBACH, GERDA: Seiltänzer und Betrüger? Parodie und kein Ende. Ein Beitrag zu Geschichte und Theorie von Theater, Tübingen u.a. 1995.

BLUMENBERG, HANS: Arbeit am Mythos, Frankfurt am Main 1979.

BÖHN, ANDREAS (Hg.): Formzitate, Gattungsparodien, ironische Formverwendung. Gattungsformen jenseits von Gattungsgrenzen, St. Ingbert 1999.

CHIARLONI, ANNA: Warum nimmt Thoas am S. Remo-Festival teil? Nachdenken über Iphigenie im zehnten Jahr der Wiedervereinigung, in: Volker Braun. Arbeitsbuch, hg. von Frank Hörnigk, Berlin 1999, S.85-87.

CONSTABILE-HEMING, CAROL ANNE: Intertextual Exile. Volker Braun's Dramatic Re-Vision of GDR Society, Hildesheim/Zürich/New York 1997.

CRĂCIUN, IOANA: Die Politisierung des antiken Mythos in der deutschsprachigen Gegenwartsliteratur, Tübingen 2000.

DELVAUX, PETER: Antiker Mythos und Zeitgeschehen. Sinnstruktur und Zeitbezüge in Gerhart Hauptmanns Atriden-Tetralogie, Amsterdam 1992.

DELVAUX, PETER: Leid soll lehren. Historische Zusammenhänge in Gerhart Hauptmanns Atriden-Tetralogie, Amsterdam 1994.

ELSAESSER, THOMAS: Rainer Werner Fassbinder, übers. von Ulrich Kriest, Berlin 2001.

EMMERICH, WOLFGANG: Antike Mythen auf dem Theater der DDR. Geschichte und Poesie, Vernunft und Terror, in: Dramatik in der DDR, hg. von Ulrich Profitlich, Frankfurt am Main 1987, S 223-265.

ENZENSBERGER, HANS MAGNUS (Hg.): Folter in der BRD. Zur Situation politischer Gefangener, in: Kursbuch 32 (1973).

ERKEN, GÜNTHER: Hansgünther Heyme, Frankfurt am Main 1989.

ESSEN, GESA VON: „Auf den Hacken / Dreht sich die Geschichte um." Volker Brauns Wende-Imaginationen, in: Engagierte Literatur in Wendezeiten, hg. von Wille Huntemann, Małgorzata Klentak-Zabłocka; Fabian Lampart, Thomas Schmidt, Würzburg 2003, S. 117-132.

FLACKE, MONIKA (Hg.): Mythen der Nationen. Ein europäisches Panorama. Begleitband zur Ausstellung des Deutschen Historischen Museums vom 20. März 1998 bis 9. Juni 1998, München 1998.

FLASHAR, HELLMUT: Die Antike im Theater und Musiktheater der Gegenwart, in: Die Antike in der europäischen Gegenwart, hg. von Walther Ludwig, Göttingen 1993, S. 125-134.

FLASHAR, HELLMUT: Inszenierung der Antike. Das griechische Drama auf der Bühne der Neuzeit 1585-1990, München 1991.

FRANÇOIS, ETIENNE/SCHULZE, HAGEN (Hg.): Deutsche Erinnerungsorte, 3 Bde., München 2001.

FREUND, WINFRIED: Die literarische Parodie, Stuttgart 1981.

FRICK, WERNER: ‚Die mythische Methode'. Komparatistische Studien zur Transformation der griechischen Tragödie im Drama der klassischen Moderne, Tübingen 1998.

FRICK, WERNER: ‚Ein echter Vorfechter für die Nachwelt.' Kleists agonale Modernität – im Spiegel der Antike, in: Kleist-Jahrbuch 1995, S. 44-96.

FRICK, WERNER: Die Schlächterin und der Tyrann. Gewalt und Aufklärung in europäischen Iphigenie-Dramen des 18. Jahrhunderts, in: Goethe-Jahrbuch 118 (2001), S. 126-141.

FUHRMANN, MANFRED: Mythos als Wiederholung in der griechischen Tragödie und im Drama des 20. Jahrhunderts, in: Terror und Spiel. Probleme der Mythenrezeption, hg. von Manfred Fuhrmann, München 1971, S. 121-143.

GENETTE, GERARD: Palimpseste. Die Literatur auf zweiter Stufe, übers. von Wolfgang Bayer und Dieter Hornig, Frankfurt am Main 1993.

GRAUERT, WILFRIED: Brief an einen Freund, der sich schwer tut mit Texten Volker Brauns aus der Wendezeit, in: Volker Braun. Arbeitsbuch, hg. von Frank Hörnigk, Berlin 1999, S. 69-72.

GRAUERT, WILFRIED: Furor melancholicus auf wüstem Planum oder Abschied von der Präzeptorrolle. Zu Volker Brauns ‚Iphigenie in der Freiheit', in: Ders.: Ästhetische Modernisierung bei Volker Braun. Studien zu Texten aus den achtziger Jahren, Würzburg 1995, S. 166-206.

GRAWE, CHRISTIAN (Hg.): „Wer wagt es, Knappersmann oder Ritt?" Schiller-Parodien aus zwei Jahrhunderten, Stuttgart 1990.

HAMBURGER, KÄTHE: Das Opfer der delphischen Iphigenie, in: Gerhart Hauptmann, hg. von Hans Joachim Schrimpf, Darmstadt 1976, S. 165-181.

HASCHE, CHRISTA/SCHÖLLING, TRAUTE/FIEBACH, JOACHIM: Theater in der DDR. Chronik und Positionen, Berlin 1994.

HECK, KILIAN/JAHN, BERNHARD (Hg.): Genealogie als Denkform in Mittelalter und Früher Neuzeit, Tübingen 2000.

HENRICHS, BENJAMIN: Rainer Werner Fassbinder, in: Theater heute. Jahresheft 1972, S. 69.

HEYME, HANSGÜNTHER: Hamlet, Phönizierinnen, Stuttgart 1982.

JENS, WALTER: Antigone und Elektra. Aufstand gegen das ‚verteufelt Humane', in: Ders.: Mythen der Dichter. Modelle und Variationen, München 1993, S. 39-68.

JOAS, HANS/KOHLI, MARTIN (Hg.): Der Zusammenbruch der DDR. Soziologische Analysen, Frankfurt am Main 1993.

KNABEL, KLAUDIA/RIEGER, DIETMAR/WODOANKA, STEPHANIE: Nationale Mythen – kollektive Symbole. Funktionen, Konstruktionen und Medien der Erinnerung, Göttingen 2005.

KRUMEICH, RALF/PECHSTEIN, NIKOLAUS/SEIDENSTICKER, BERND: Das Satyrspiel, Darmstadt 1999.

LACHMANN, RENATE (Hg.): Dialogizität, München 1982.

LANGERMANN, MARTINA: Anmerkungen zum Streit um den ‚DDR-Kafka', in: Es genügt nicht die einfache Wahrheit. DDR-Literatur der sechziger Jahre in der Diskussion, hg. von der Friedrich Ebert Stiftung, Leipzig 1995, S. 174-185.

LEVI-STRAUSS, CLAUDE: Strukturale Anthropologie, Frankfurt am Main 1971.

MANN, THOMAS: Gerhart Hauptmann, in: Gerhart Hauptmann. hg. von Hans Joachim Schrimpf, Darmstadt 1976, S. 134-144.

MARTINI, WOLFRAM: Die archaische Plastik der Griechen, Darmstadt 1990.

MICHAELIS, ROLF: Der schwarze Zeus. Gerhart Hauptmanns zweiter Weg, Berlin 1962.

MILLER, NORBERT: Winckelmann und der Griechenstreit. Überlegungen zur Historisierung der Antiken-Anschauung im 18. Jahrhundert, in: Johann Joachim Winckelmann 1717-1768, hg. von Thomas W. Gaehtgens, Hamburg 1986, S. 239-264.

MORKE, MONIKA (Hg.): Europas Identitäten. Mythen, Konflikte, Konstruktionen, Frankfurt am Main 2003.

MÜLLER, BEATE: Komische Intertextualität. Die literarische Parodie, Trier 1994.

MÜLLER-SCHWEFE, GERHARD (Hg.): Was haben die aus Shakespeare gemacht! Weitere alte und neue deutschsprachige Shakespeare-Parodien, Tübingen 1993.

STAUDER, THOMAS: Die literarische Travestie. Terminologische Systematik und paradigmatische Analyse (Deutschland, England, Frankreich, Italien), Frankfurt am Main 1993.

NEUMANN, UWE: Gegenwart und Vergangenheit bei Euripides, Stuttgart 1995.

NORA, PIERRE (Hg.): Les lieux de mémoire, 3 Bde., Paris 1997.

OTTO, HANS-UWE: Rechtsradikale Gewalt im vereinigten Deutschland. Jugend im gesellschaftlichen Umbruch, Opladen 1993.

PFISTER, MANFRED/BROICH, ULRICH (Hg.): Intertextualität. Formen, Funktionen, anglistische Fallstudien, Tübingen 1985.

PISCATOR, ERWIN: Gerhart Hauptmanns ‚Atriden-Tetralogie', in: Gerhart Hauptmann, hg. von Hans Joachim Schrimpf, Darmstadt 1976, S. 319-328.

PISCATOR, ERWIN: Schriften, Bd. 2, hg. von Ludwig Hoffmann, Berlin 1968.

PREUßER, HEINZ PETER: Troia als Emblem. Mythisierung des Krieges bei Heiner Müller, Christa Wolf, Stefan Schütz und Volker Braun, in: Text und Kritik. Zeitschrift für Literatur, hg. von Heinz Ludwig Arnold, Bd. 124, Themenheft: Literaten und Krieg (1994), S. 61-73.

PREUßER, HEINZ-PETER: Die Iphigenien. Zur Metamorphose der ‚unerhörten Tat'. Euripides – Goethe – Berg – Braun, in: Mythen in nachmythischer Zeit. Die Antike in der deutschsprachigen Literatur der Gegenwart, hg. von Bernd Seidensticker und Martin Vöhler, Berlin/New York 2002.

PREUßER, HEINZ-PETER: Mythos als Sinnkonstruktion. Die Antikenprojekte von Christa Wolf, Heiner Müller, Stefan Schütz und Volker Braun, Köln/Weimar/Wien 2000.

REED, TERENCE JAMES: Iphigenie auf Tauris, in: Goethe-Handbuch, Bd. 2, hg. von Theo Buck, Stuttgart/Weimar 1997, S. 195-228.

REID, JAMES H.: Elektra, Iphigenie, Antigone. Volker Braun's women and the ‚Wende', in: Women and the ‚Wende'. Social effects and cultural reflections of the German unification-progress. Proceedings of a conference held by women in German Studies 9.-11. Sept. 1993 at the University of Nottingham, hg. von Elizabeth Boa und Janet Wharton, Amsterdam 1992, S. 189-199.

SANTINI, DARIA: Gerhart Hauptmann zwischen Modernität und Tradition. Neue Perspektiven zur Atriden-Tetralogie, aus dem Ital. übers. von Benjamin Büttich, Berlin 1998.

SCHALLER, BRANKA: Der Atridenstoff in der Literatur der 1940er Jahre. Unter besonderer Berücksichtigung der Nachkriegsdramatik, Frankfurt am Main 2001.

SCHINDLER, STEPHAN: Bombige Bücher. Literatur und Terrorismus (1967-1977), in: Wendezeiten – Zeitenwenden. Positionsbestimmungen zur deutschsprachigen Literatur 1945-1995, hg. von Robert Weninger und Brigitte Rossbacher, Tübingen 1997, S. 55-78.

SEECK, GUSTAV ADOLF: Die griechische Tragödie, Stuttgart 2000.

SPETH, RUDOLF: Nation und Revolution. Politische Mythen im 19. Jahrhundert, Opladen 2000.

SPRENGEL, PETER: Gerhart Hauptmann. Epoche – Werk – Wirkung, München 1984.

STIERLE, KARL-HEINZ/WARNING, RAINER (Hg.): Das Gespräch, München 1984, S. 139.

STUCKE, FRANK: Antikenrezeption bei Peter Hacks oder: Erinnerung an die Zukunft, in: Mythen in mythenloser Zeit. Die Antike in der deutschsprachigen Literatur der Gegenwart, hg. von Bernd Seidensticker und Martin Vöhler; Berlin/New York 2002, S. 120-132.

THOMSEN, CHRISTIAN BRAAD: Rainer Werner Fassbinder. Leben und Werk eines maßlosen Genies, übers. von Ursula Schmalbruch, Hamburg 1993.

TÖTEBERG, MICHAEL: Das Theater der Grausamkeit als Lehrstück. Zwischen Brecht und Artaud: Die experimentellen Theatertexte Fassbinders. In: Rainer Werner Fassbinder. Text und Kritik 103 (1989), S. 20-34.

TÖTEBERG, MICHAEL: Rainer Werner Fassbinder, Hamburg 2002.

TRILSE, CHRISTOPH: Antike und Theater heute. Betrachtungen über Mythologie und Realismus, Tradition und Gegenwart, Funktion und Methode, Stücke und Inszenierungen, Berlin/Ost 1975.

UHLIG, LUDWIG (Hg.): Griechenland als Ideal. Winckelmann und seine Rezeption in Deutschland, Tübingen 1988.

USMIANI, RENATE: Towards an Interpretation of Hauptmann's ‚House of Atreus', in: Modern Drama 12 (1969) 3, S. 286-297.

VERWEYEN, THEODOR/WITTIG, GUNTHER: Die Parodie in der neueren deutschen Literatur. Eine systematische Einführung, Darmstadt 1979.

VISSER, ANTHONYA: „Und so wie es bleibt ist es." Volker Brauns ‚Iphigenie in Freiheit': eine Dekonstruktion des deutschen Einigungsprozesses?, in: Literatur und politische Aktualität, hg. von Elrud Ibsch und Ferdinand van Ingen, Amsterdam 1993, S. 131-154

WATSON, WALLACE STEADMAN: Understanding Rainer Werner Fassbinder. Film as Private and Public Art, Columbia 1996.

WEDER, KATHARINE: Die redegewandte Iphigenie und die verstummte Elektra. Hofmannsthals ‚Elektra' gegen Goethes ‚Iphigenie auf Tauris', in: Variations. Literaturzeitschrift der Universität Zürich, 9 (2002), S. 57-74.

WEDER, KATHARINE: Geschichte als Mythos. Zu Volker Brauns ‚Iphigenie in Freiheit', in: Sprachkunst. Beiträge zur Literaturwissenschaft, 32 (2001), S. 241-255.

WENDE, WALDTRAUD: Goethe-Parodien. Zur Wirkungsgeschichte eines Klassikers, Stuttgart 1995.

ZIMMERMANN, BERNHARD: Die griechische Tragödie. Eine Einführung, München 1992.

8.3. Zeitungsartikel

BRAUN, VOLKER: Adresse an das Cottbuser Theater, in: Lausitzer Rundschau vom 19. Dezember 1992.

FUNKE, CHRISTOPH: Die Sehnsucht kann nicht leben. Uraufführung im Deutschen Theater. Jochen Bergs ‚Iphigeneia', in: Tagesspiegel vom 1. September 1992.

KRANZ, DIETER: Kritik zu ‚Iphigenie in Freiheit' von Volker Braun. Inszenierung Karlheinz Liefers, Staatstheater Cottbus, in: ORB Kulturspiegel vom 20. Dezember 1992, 11.00-12.30 Uhr. (Hörfunkscript)

LEPENIES, WOLF: Das Rohe und der Mensch. Der Blick in die eigene Geschichte sollte die Europäer davon abhalten, Afrikas Kriege als Akte fremder Barbarei zu betrachten, in: Süddeutsche Zeitung vom 31. 7. 2003.

LINZER, MARTIN: Das Zerbrechen der Bilder. ‚Iphigenie in Freiheit' und anderes von Volker Braun im Staatstheater Cottbus, in: Lausitzer Rundschau vom 23. Dezember 1992.

MICHAELIS, ROLF: Dein Wort in Goethes Ohr! Das letzte Werk der DDR-Literatur: ‚Iphigenie in Freiheit' – Volker Brauns Requiem auf den utopischen Sozialismus, ein höhnisches Pamphlet auf das vereinigte Deutschland, in: Die Zeit vom 10. April 1992.

PFÜTZNER, KLAUS: Ermunterung zu widerständigem Denken. Beifall in Cottbus, Befremden in Frankfurt. Volker Brauns neues Stück ‚Iphigenie in Freiheit' bietet Stoff zur Diskussion, in: Neues Deutschland vom 23. Dezember 1992.

RÜNGER, BERTHOLD: Abdankende Väter. ‚Iphigenie in Freiheit' von Volker Braun in den Cottbusser Kammerspielen uraufgeführt, in: TAZ vom 29. Dezember 1992.

8.4. Programmhefte

STAATSTHEATER COTTBUS (Hg.): Volker Braun. Hydre intime. Familienleben/Verbannt nach Atlantis. Iphigenie in Freiheit. Texte und Materialien. Programmheft Nr. 7. Spielzeit 1992/1993.

WÜRTTEMBERGISCHES STAATSTHEATER STUTTGART (Hg.): Programmheft. Jochen Berg.
Niobe am Sipylos, Spielzeit 1985/1986.
WÜRTTEMBERGISCHES STAATSTHEATER STUTTGART (Hg.): Programmheft. Klytaimnestra von
Jochen Berg und Troilus und Cressida von William Shakespeare, Spielzeit 1983/1984.

8.5. Abbildungen

Abb. 1 Athen, sog. Euthdikoskore (in: MARTINI, Die archaische Plastik, S. 168.)
Abb. 2 Schlussbild der Inszenierung von Bergs *Iphigeneia* am DT Berlin. Regie: Frank
Liefers. (Foto von Wolfgang Theile, Archiv des Deutschen Theaters Berlin)
Abb. 3 Bühnenbild zu *Iphigenie in Freiheit* am Staatstheater Cottbus. (Umschlag des
Programmhefts)
Abb. 4 Szenenphoto aus der Cottbusser Inszenierung von Volker Brauns *Iphigenie in Freiheit.*
(Archiv des Staatstheaters Cottbus)